VIDA
DE
FREI GALVÃO

FREI CARMELO SURIAN, O.F.M.

VIDA DE FREI GALVÃO

"O frade menor
que São Paulo aprisionou"

EDIÇÃO ATUALIZADA
(Beatificação e Canonização)

EDITORA
SANTUÁRIO

DIRETORES EDITORIAIS:
Carlos da Silva
Marcelo C. Araújo

EDITORES:
Avelino Grassi
Márcio F. dos Anjos
Roberto Girola

COORDENAÇÃO EDITORIAL:
Denílson Luís dos Santos Moreira

REVISÃO:
Ana Lúcia de Castro Leite

DIAGRAMAÇÃO:
Alex Luis Siqueira Santos

CAPA:
Junior dos Santos

Ilustrações de Tom Maia
Ilustração da capa de Junior dos Santos

Dados Internacionais de Catalogação na Publicação (CIP)
(Câmara Brasileira do Livro, SP, Brasil)

Surian, Carmelo, 1923-
    Vida de Frei Galvão: o frade menor que São Paulo aprisionou / Carmelo Surian. – Aparecida, SP: Editora Santuário, 1997.

    ISBN 85-7200-501-3

    1. Galvão, Frei, 1783-1822 I. Título

97-4042   CDD-922.2

Índices para catálogo sistemático:
1. Brasil: Padres católicos: Biografia e obra 922.2

14ª impressão

Todos os direitos reservados à **EDITORA SANTUÁRIO** – 2025

Rua Pe. Claro Monteiro, 342 – 12570-045 – Aparecida-SP
Tel.: 12 3104-2000 – Televendas: 0800 - 0 16 00 04
www.editorasantuario.com.br
vendas@editorasantuario.com.br

Frei Galvão

Apresentação

Poucas cidades têm, como Guaratinguetá, a felicidade de possuir, entre seus filhos ilustres, um Frei Antônio de Sant'Anna Galvão. Poucos, como Frei Antônio de Sant'Anna Galvão, possuem, nos dias atuais, a felicidade de ter um biógrafo e analista de sua vida como Frei Carmelo Surian. Principalmente quando, nesta época, a civilização ocidental passa por sua mais grave crise, e redescobre que "o conhecimento racional já não é suficiente nem capaz para, sozinho, explicar e movimentar o mundo. Valores como o espírito, a intuição, a emoção — ou que outro nome se queira dar a essas coisas estranhas ao pensamento científico, racional — terão de ser incluídos na visão ocidental do mundo, como proposta para a superação da crise. E é justamente nessa época de busca e renascimento da vida contemplativa que Frei Carmelo traz, do século dezoito para os nossos dias, a presença de "Frei Antônio de Sant'Anna Galvão — o frade menor que São Paulo aprisionou", em quem está presente "o franciscanismo em plenitude, esculpido por um cotidiano de perseguições e agressões, aliado ao silêncio evangélico do respeito, do perdão, sempre dizendo não à murmuração, não à violência, não à vingança". Frei Galvão, um filho emérito de São Francisco, se destacando desde o final do século vinte por suas virtudes, por sua paz, por sua "santa pobreza, pobre de bens, rica de virtudes", criando e construindo a grande obra do Mosteiro da Luz e suas Religiosas Concepcionistas, participando da Academia dos Felizes, a primeira Academia de Letras da velha São Paulo, com seus versos em latim glorificando a Sant'Anna, Frei Galvão conhecido e venerado como santo ainda em vida.

Autor de diversos livros, com destaque para "São Francisco e o Mistério da Vida", Frei Carmelo Surian mostra, agora, um novo Frei Galvão, visto em "um panorama dinâmico, altamente tensional, confiante na busca do Tudo de Deus". Frei Galvão, menino de Guaratinguetá, crescendo naquelas moradas de casas próximas aos fundos da Matriz de Santo Antônio, conforme rezam a tradição, os testamentos e os inventários da família. Frei Galvão, vivendo as Virtudes Cardeais, a Regra e Vida de São Francisco! Frei Galvão, vivendo as responsabilidades dos Conventos. Frei Galvão, em seus últimos dias no Mosteiro da Luz, partindo "em odor de Santidade" e honrando ontem, como hoje e amanhã, toda a terra brasileira. Pois, com certeza, será o nosso primeiro santo. Frei Galvão, invocando como intercessor, sobretudo "em favor da vida nascente, o grande tema da hora e até da Constituinte do Brasil". Frei Galvão intensamente presente em sua terra natal, como patrono de uma rua, de um hospital-maternidade, de um Seminário, de uma Sociedade que publica um jornal de orientação católica, de um Museu e mesmo de estabelecimentos comerciais. Frei Galvão, presente no Convento e na Igreja franciscana de Nossa Senhora das Graças. Presente no Mosteiro da Imaculada Conceição de monjas concepcionistas, que vieram do Mosteiro da Luz por ele fundado em São Paulo. Frei Galvão presente há dois séculos na devoção do brasileiro que procura proteção à saúde; presente na devoção da parturiente que deseja um bom sucesso; na devoção dos aflitos e perseguidos, que buscam por consolo e por Justiça. Frei Galvão de Guaratinguetá, santificado em vida pela devoção, que até já lhe moldou imagem, pelas mãos das figureiras da rua da Imaculada, em Taubaté.

Frei Galvão, com sua santidade oficialmente reconhecida pelo Vaticano, foi beatificado em 1998 pelo Papa João Paulo II e canonizado em 2007 pelo Papa Bento XVI. A casa onde nasceu, local sagrado, tornou-se um centro de peregrinação e a Catedral de Santo Antônio ganhou um novo santo: **Santo Antônio de Sant'Anna, o santo de Guaratinguetá**.

Frei Galvão está presente também na igreja de São José e Frei Galvão, no bairro do Jardim do Vale, em sua terra natal, em terreno doado pela família Galvão Nogueira, e na Fazenda da Esperança, em uma igreja a ele dedicada com a honra de ser consagrada pelo papa Bento XVI. Frei Galvão está presente também na pia batismal onde inúmeras crianças receberam o nome de Antônio ou de Ana como homenagem ao santo Antônio de Sant'Anna.

Agradecendo a Frei Carmelo Surian a honra tão grande que nos concedeu com o pedido para a apresentação de seu livro, gostaríamos de encerrá-la confirmando os votos proféticos do Cardeal Dom Paulo Evaristo Arns, proferidos na ocasião da Instalação do Tribunal Eclesiástico para a Causa da Beatificação de Frei Galvão, no Mosteiro da Luz, na tarde de 3 de setembro de 1986:

"Que o Deus de Infinita Bondade nos revele mais uma vez a sua predileção, permitindo-nos glorificá-lo pelo herói paulista que santificou o solo paulistano, nele imprimindo suas marcas de zeloso, obediente, suave e forte orientador. Vivendo na pobreza e para a pobreza, a opção preferencial pelos pobres terá novo e já venerado Patrono no céu", Santo Antônio de Sant'Anna, de Guaratinguetá.

Thereza Regina de Camargo Maia
Museu Frei Galvão
Guaratinguetá-SP, 2007

Introdução

Sob a égide do Eminentíssimo Senhor Cardeal Arcebispo de São Paulo, Dom Paulo Evaristo Arns, ofm, iniciou-se o processo de beatificação de Frei Antônio de Sant'Anna Galvão, ofm, diligentemente conduzido pelo Postulador Padre Frei Desidério Kalverkamp, ofm. Por isso é hora oportuna de se publicar tudo o que se sabe sobre o popular Frei Galvão.

A Editora Santuário compreendeu que também devia colaborar, já que é a voz maior do mundo católico do laborioso Vale do Paraíba, onde nasceu o Servo de Deus, exatamente na vizinha cidade de Guaratinguetá. Planejando uma edição bem popular sobre Frei Antônio de Sant'Anna, uma vez que a única biografia existente é para um nível bem acima da média do nosso povo.

Embora ciente de que as pesquisas nada de novo oferecem a não ser o que já foi publicado por Sor Myriam e Maristella, biógrafas de Frei Galvão, Frei Carmelo concordou com o projeto da Editora Santuário e se pôs a trabalhar. E aconteceu o inesperado: à medida que penetrava mais profundamente, pelo estudo, pela reflexão e oração, o testemunho franciscano do seu confrade, filho de Guaratinguetá, mais e mais se convenceu de que era possível e até urgente apresentar um outro e riquíssimo visual do mesmíssimo Frei Galvão.

O que há de novo, então, neste livrinho? Como já foi dito, o material básico é o mesmo, com abundantes citações e transcrições de Sor Myriam e sobretudo Maristella. E somo-lhes gratos. O que há de novo então é outra disposição da matéria; análise do testemunho do Servo de Deus à luz da *Regra e*

Vida de São Francisco de Assis, reduzida às bem-aventuranças; maior aproveitamento dos *Escritos* do biografado, sobretudo de sua famosa *Cédula de Escravidão* a Nossa Senhora, bem como um rápido estudo dos fatos, dos *Escritos* e da *Cédula*, em relação às virtudes cardeais, uma vez que tal estudo ocorre em todos os processos de beatificação.

Desta forma, é claro que a obra foi bem além do projeto inicial. Mesmo assim, foi nossa preocupação constante mantê-la simples. Ademais, o simples, também merece algo mais nutrido e elevado.

Desde o início de nosso trabalho fizemos questão de ser bem acompanhados. Assim, obtivemos a colaboração competente e generosa de Frei Desidério Kalverkamp e das Irmãs do Mosteiro da Luz; o acompanhamento seguro e altamente estimulante da Equipe dirigente do nosso atuante Museu Frei Galvão; a fineza do retoque final do nosso português, a cargo da Professora Édna Loesch Wittlich e família. Meus bons amigos, muito obrigado!

Outro precioso enriquecimento do nosso trabalho foram os desenhos magicamente brotados da pena de Tom Maia, como sempre. Ademais, ele e sua esposa Thereza, prazerosamente se encarregaram do Prefácio. Assim, Guaratinguetá carinhosa e expressivamente se envolveu no processo de dar à luz esta nova biografia de Frei Antônio de Sant'Anna Galvão, querido filho da terra. Outro cordial muito obrigado.

Agora cabe aos amigos e devotos de Frei Galvão se empenharem também na campanha pela sua beatificação: fazê-lo mais conhecido, divulgar este livrinho, comunicar tudo o que de mais importante vierem a saber a respeito dele e orar muito para que, se de fato foi válido o testemunho de Frei Sant'Anna Galvão, sua santidade seja prontamente identificada e jubilosamente proclamada!

***

Assim escrevíamos dez anos atrás... Ao lançarmos a 2ª edição desta biografia, com renovadas e esforçadas esperanças, temos de anotar mais uma daquelas circunstâncias que a própria história vai inexoravelmente mudando: em 1990, sempre sob o governo do Eminentíssimo Senhor Cardeal de São Paulo, Dom Arns, o processo é reassumido pela Irmã Célia B. Cadorin, Irmãzinha da Imaculada, tendo como Postulador em Roma o Pe. Ricciardi Antonius, ofm Conv., e Vice-postulador no Brasil, o Pe. Arnaldo Vicente Belli.

Hoje, em meados de 1997, podemos felizmente afirmar, rendendo graças ao Altíssimo Senhor e exaltando a operosidade desta Equipe, o Processo de nosso querido Frei Galvão de fato desencantou! Passou a caminhar com tal rapidez e segurança, que já podemos anunciar aos leitores: só falta o Senhor Papa João Paulo II marcar a data da beatificação do nosso biografado!

Ao menos por aqui, Guaratinguetá/Aparecida, a vibração dos fiéis devotos é intensa! Acabamos de enviar à Cidade Eterna em torno de dez mil assinaturas, agradecendo ao nosso operoso Pontífice.

E, nesta profunda alegria espiritual, lembremo-nos que a Beatificação é o penúltimo degrau antes da Canonização. Nosso Frei Antônio de Sant'Anna Galvão, franciscano menor, tem tudo para ser realmente o primeiro Santo brasileiro!

Glória a Deus nas alturas!

O Autor

***

Agora, em 2007, ao editarmos esta nova edição, a 9ª, temos a alegria de acrescentarmos que em 25 de outubro de 1998, na Praça São Pedro, Frei Antônio de Sant'Anna Galvão foi solenemente beatificado pelo Papa João Paulo II.

E em 11 de maio de 2007 realizou-se a Canonização do Santo de Guaratinguetá. O ato solene teve lugar em São Paulo, em concelebração presidida pelo Papa Bento XVI. A solenidade foi iniciada com o Cardeal José Saraiva Martins, Prefeito da Causa dos Santos, acompanhado pela Postuladora Irmã Célia Cadorin, que dirigiu-se ao Santo Padre, solicitando que Sua Santidade procedesse à Canonização do Beato Antônio de Sant'Anna Galvão, incluindo-o na Lista dos Santos e que, como tal, fosse invocado por todos os cristãos.

Sua festa é comemorada no dia 25 de outubro, data em que foi beatificado.

O Editor

I
A ÉPOCA DE FREI GALVÃO:
1739-1822

1. Um projeto

Vamos fazer um esforço honesto para colocar Frei Galvão tão dentro de seu tempo, quanto possível; não é fácil! Sobretudo para nós, que hoje vivemos num país independente, em regime democrático, onde cada um goza de liberdade e todos, brancos, pretos, vermelhos, amarelos, ao menos tendem a se unir e se irmanar numa só língua, na honrosa preocupação de tocar para frente esta Pátria comum que se chama Brasil.

Para ajudar o leitor a compor o panorama da época em que viveu e trabalhou nosso querido Frei Galvão, nada melhor que relatar casos reais da vida dele ou ligados a ele.

Sem dúvida, a maior obra do santo franciscano foi a edificação exterior e interior do seu amado Mosteiro da Luz. Se ele vivesse hoje, seria tudo bem mais simples, sem comparação. Vejamos, em resumo, como tão grande obra se concretizou naquela época.

Casa de Frei Galvão – Guaratinguetá

Havia em São Paulo uma religiosa do Carmelo, criatura simples, mas de grande piedade, ornada do carisma contemplativo: Irmã Helena Maria do Sacramento (MS-49)[1]. Recorrendo a Frei Galvão, seu confessor, e depois ao Vigário-Capitular (que fez as vezes do Bispo), o Cônego Antônio de Toledo Lara, a boa religiosa alegava que Jesus, mediante mensagens e aparições, pedia-lhe a fundação de mais uma casa contemplativa em São Paulo. Da sua parte, o Servo de Deus, Frei Galvão, após muitos diálogos, consultas, orações, convenceu-se da autenticidade da proposta da Irmã. A autoridade religiosa, por sua vez, confiava plenamente no jovem, sábio e prudente franciscano. Infelizmente, porém, não era o que ocorria com outros sacerdotes e peritos envolvidos no caso. A coitadinha da Irmã Helena teve de enfrentar um rosário de interrogatórios, alguns deles muito duros, humilhantes para ela, frágil, enclausurada, quase sem cultura. A crônica do Mosteiro se refere a estas práticas como "motins" do demônio para impedir a desejada fundação. Quietinho e prudente, Frei Galvão sofria tudo isso orando, aguardando o momento para levar o querido projeto a bom termo. Afinal, não era seu projeto...

2. O Capitão-General

Vencida esta renhida etapa, já com a aprovação superior, chegara o momento de agir concretamente. Como? Com que recursos? E os benfeitores? Com plena confiança em Deus, Frei Galvão e Irmã Helena enviaram uma carta ao novo Capitão-General de São Paulo, Dom Luís Antônio de Souza (MS-57).

---

[1] *Frei Galvão, Bandeirante de Cristo*, Maristella, 2ª ed., Mosteiro da Luz, São Paulo.

Capitão-General correspondia a Governador de Estado, hoje. Acontece que o pai de Frei Antônio era Capitão-Mor, ou seja, Prefeito de Guaratinguetá, o que leva a crer que o frade se movimentava bem entre as autoridades.

Quem era Dom Luís? Como chegara ao governo de São Paulo? Era o Capitão-General, filho de ilustre família portuguesa, nascido na boa terra de Cabral no ano de 1722, dez anos antes de Frei Galvão. Seu pai fora militar ilustre, fidalgo da Casa Real. Da parte da mãe, Dom Luís descendia de bravos colonizadores do Brasil, bem como de brilhantes bandeirantes. Tendo-se distinguido como estudioso das artes militares e corajoso combatente, fiel à Coroa, a 10 de dezembro de 1764, foi escolhido por Dom José I para restaurar a Capitania de São Paulo, supressa em 1748.

Obediente e idealista, Dom Luís obedeceu e chegou ao Brasil com grande planos. Percebendo, de pronto, a grande dificuldade de comunicações que emperrava sobretudo o comércio, criou o primeiro "correio" entre São Paulo e o Rio de Janeiro: seis vezes por ano!!! Esta tão auspiciosa notícia chegou ao domínio público mediante o sistema de comunicação da época: os bandos. Como é que operavam? "Um grupo de oficiais de justiça e de pregoeiros do Governo; a cavalo e a pé, percorriam a cidade, tendo à frente o leitor em trajes berrantes, chapéu alto e botas reluzentes. Chegados às esquinas e pontos principais das cidades, tocavam as trombetas, rufavam as caixas e quando havia se reunido um numeroso auditório, o leitor anunciava em voz alta o edital" (MS-58).

Um outro interessante dado histórico da vida de Dom Luís nos revela que as relações entre a Igreja e o poder da Coroa em Portugal não eram nada favoráveis: necessitando o Governador de um Palácio condigno, acabou ocupando o célebre Colégio dos Jesuítas, confiscado desde 1759 pela Coroa portuguesa.

Nosso Capitão-General procurou também amenizar a situação dos leprosos, bem como combater a icterícia. Sobre esta temível doença, eis um documento da visão "científica" da época: "E, querendo explicar a origem deste terrível mal, fazia a grande suposição, à guisa de diagnóstico: — Eu atribuo esta intemperança aos contínuos relâmpagos que continuamente se viram cintilar por todos os meses em que por cá costuma ser o inverno durante estes meteoros, até formas no hemisfério desta cidade uma terrível trovoada..." (MS-59).

3. Católico corajoso

Por que Frei Galvão e Irmã Helena depositaram tanta confiança em Dom Luís, sobretudo em causa tão delicada como a formação de um Convento, exatamente quando as relações entre a Igreja e o Estado se apresentavam tão delicadas?

Acontece que Dom Luís não escondia a sua condição de católico convicto, desses que procuram ficar por dentro das coisas da Igreja e não temem testemunhá-las. Por tradição de família, ele era grande devoto de Nossa Senhora dos Prazeres, bem como da divina Eucaristia. Frequentava a Missa dominical, conhecendo a fundo o sentido dos ritos católicos. Mantinha, mesmo em Palácio, um assessor para assuntos da Igreja.

Foi com grande festa para toda cidade que Dom Luís professou na Ordem Terceira de São Francisco, hoje Ordem Franciscana Secular, no Largo de São Francisco, aos 4 de outubro de 1766, solenidade do Pobrezinho de Assis. Assim, tanto os frades quanto os membros da Ordem o chamavam de Irmão: "nosso Irmão Senhor General". Além disso, devia o Irmão General relacionar-se bem com o pai de Frei Galvão, Capitão-Mor de Guaratinguetá, também ele irmão em São Francisco.

Na visão católica e franciscana de nosso Irmão General, aconteceu ainda que Santo Antônio, tão querido da cidade e padrinho celeste de Frei Antônio de Sant'Anna Galvão, fosse honrado com a patente de "coronel das tropas de São Paulo"!

E a gloriosa Sant'Anna poderia por acaso ficar de lado? Vejamos que não. Nosso Capitão-General "sonhou, certa noite, que num dos cantos do Colégio (dos Jesuítas), então sua residência como Palácio de Governo, havia uma imagem de Sant'Anna. Depois de despertar, mandou verificar, e foi realmente encontrada grande caixa contendo uma imagem da referida santa. Coincidiu este encontro com a descoberta das jazidas de ouro no rio Tibagi, pelo que Frei Galvão, em seus versos, celebra os dois felizes achados com as seguintes palavras" (MS-61). De fato, Frei Antônio celebra estes acontecimentos, honrando o Governador com seus versos em latim.

Outro gesto grandemente significativo e profético do muito católico Capitão-General, foi mandar promover as festas de Nossa Senhora dos Prazeres na pequenina ermida da Luz.

4. A resposta de Dom Luís

Pelo que ficou dito, não se estranha a resposta de Dom Luís ao pedido de Frei Galvão e da Irmã Helena, especialmente. Vamos transcrever na íntegra este documento, que revela tão bem o íntimo da alma católica deste grande varão, e sobretudo porque, ao que tudo indica, o secretário escrevinhador desta carta foi seguramente o próprio Frei Antônio de Sant'Anna Galvão. Vejamos:

"Minha Senhora:

Eu, do modo possível, agradeço a V.M. (Vossa Mercê) o favor que me faz de me escolher para instrumento das suas disposições, muito ditoso seria, se acertasse entre tantos defeitos que tenho, a cumprir alguma coisa do Divino Agrado, porque merecesse ser atendido das suas imensas Misericórdias. Eu estou com um grande desejo de que se complete esta obra, que me parece ser útil para a salvação de muitos e ontem, antes de receber a sua carta, eu já tinha falado com o Senhor Governador do Bispado, e nos animamos, um ao outro, para tirar a público esta empresa, e esta tarde lhe pretendo tornar a falar para abreviarmos quanto for possível; eu estou muito pronto para todos os gastos que se precisarem para as acomodações do edifício e da Igreja, somente desejava muito o que vou refletir: Primeiro, que houvesse LAUS PERENNE diante do Santíssimo Sacramento, assim como se pratica no Convento de Louriçal, e a sua imitação na Capela da minha Casa de Mateus; segundo, que a Padroeira fosse Nossa Senhora com o título dos Prazeres, para que se perpetuasse a sua festa como sempre fiz no sítio da Luz, e como sempre se faz na minha Casa de Mateus, para cuja festa eu darei a providência necessária instituindo uma Irmandade. Terceiro, que V.M. e suas devotas companheiras entre as devoções, fizessem comemoração do bom despacho de três petições que há muito tempo trago no Tribunal Divino, as quais são: Primeira, a minha salvação, se tanta for a Divina Misericórdia, também a da minha família e dos sucessores da minha Casa. Segundo, um grande e especial acerto das minhas disposições para que se sigam muitos serviços a Deus, ao nosso Rei e aos seus Estados para o bem do seu Povo. Terceiro, a conservação, duração e felicidade da Casa de Mateus, para que sempre vá em aumento e devoção, veneração, milagres e favores que Nossa Senhora do título dos Prazeres ali permite para que vá sempre em aumento o seu culto e se conserve ali o Santíssimo Sacramento que lá temos para nossa consolação e penhor da futura glória. Isso desejava muito que fosse sempre pedido nesse novo Recolhimento que V.M. me escolheu para protetor e o mais que Deus Nosso Senhor vir eu necessito e a minha Casa, tudo em ordem a sua maior honra e glória... Nestas petições lhe peço segredo. E agora peço também que me assista em suas orações, pois me vejo por festas com grandíssimos cuidados, sustos e perigos que só Deus Nosso Senhor me pode livrar. É quanto se me oferece expor nesta ocasião, pedindo-lhe muito queira tomar por sua conta o que lhe rogo, que eu também de boa vontade me ofereço e disponho para tudo quanto me recomendar. Deus Nosso Senhor assista com V.M.

Dia de Natal, 25 de Dezembro de 1773.

De V.M. maior venerador e muito fiel cativo.

D. Luís Antônio de Souza

Senhora Maria Helena do Sacramento"

(MS-62).

5. Dura prova

Por tais letras, fica evidente a decisão de Dom Luís de se empenhar, como Irmão, na fundação do Recolhimento da Luz. E ele o fez com extrema generosidade e carinho, colaborando decididamente para que o sonhado projeto da Irmã Helena se concretizasse.

Todavia, chegou ao fim o tempo de governo do querido Capitão-General Dom Luís Antônio de Souza. Em 1775 passou a governar Martim Lopes Lobo de Saldanha. Era o dia 18 de junho... (MS-77).

Evidente que a bonança, a sombra, foi importantíssima para a delicada plantinha do Recolhimento tomar pé no duro chão da vida. Chegara o momento de testá-la ao sol, às tempestades. Martim Lopes viera disposto a mostrar seriedade e serviço... Abriu mesquinho e calunioso "inquérito" sobre a administração do seu antecessor e enviou a "denúncia" ao Vice-Rei, Marquês de Lavradio, residente no Rio de Janeiro. Claro que, entre os "desmandos" de Dom Luís, não deixou de figurar a fundação do Recolhimento da Luz, para ele espantosa ilegalidade, rebeldia manifesta e escandalosa às leis de Sua Majestade Fidelíssima!!! E Dom Luís se encontrou ainda em São Paulo!

Quinze dias depois de sua posse, o novo Capitão-General ordena ao Bispo o fechamento do pequeno Convento. O próprio Frei Galvão foi encarregado de cumprir a ordem. Sangrando no mais íntimo do seu sensível coração, obedeceu serenamente... Todavia, passados mais de dois séculos, o Mosteiro da Luz está vivo ainda, cumprindo os piedosos votos do magnânimo e corajoso Dom Luís, da Casa de Mateus.

O bom Capitão-General retornou a Portugal, para o seu querido Morgado de Mateus, herança indivisível e inegociável, onde morreu a 5 de outubro de 1789, um dia após a festa de São Francisco, em cuja companhia, esperamos, participe da verdadeira herança dos autênticos filhos de Deus, esta sim, indivisível, imarcescível, eterna!

II
ANTÔNIO GALVÃO

1. Origens

A pequena história do Morgado de Mateus nos serviu de moldura para enquadrar algo da época em que viveu nosso querido Frei Galvão. Mas não foi a cidade de São Paulo o berço do nosso herói. Ele nasceu às margens do magnífico rio Paraíba, na simpática Guaratinguetá, em território paulista, a meio caminho entre São Paulo e Rio de Janeiro, vizinha à cidade de Aparecida.

Guaratinguetá, no tempo do pequeno Antônio, devia ostentar bem mais a sua condição de "cidade das garças brancas". Todavia, o orgulho maior da população era, e ainda é, o seu glorioso Padroeiro, que resplende no nome oficial da comunidade: Santo Antônio de Guaratinguetá, com sua histórica Matriz, dedicada ao Santo, hoje elevada a Catedral da Arquidiocese de Aparecida por Sua Eminência o Cardeal Aloísio Lorscheider, franciscano menor, da mesma Ordem de Frei Galvão. Sem dúvida, esta realidade não deixou de influenciar na escolha do nome para o vigoroso bebê que veio à luz no abençoado lar de Antônio Galvão de França e Isabel Leite de Barros (MS-13).

Antônio de França, nascido em Portugal, Algarve, deve ter chegado ao Brasil pelo ano de 1730. Pelo que se pode deduzir de sua caligrafia e modo correto de escrever, bem como das funções que exerceu, deveria ser um homem de razoável cultura e rico. Tipo do partido ideal para as finas e esperançosas filhas dos abastados fazendeiros da região.

Isabel, por sua vez, descendia de poderosos fazendeiros de Pindamonhangaba, localidade vizinha de Guaratinguetá. Ligava-se, pelo sangue, aos primeiros colonizadores de São Vicente e a famosos bandeirantes. Fernão Dias Paes foi seu bisavô, portanto, trisavô de Frei Antônio de Sant'Anna Galvão. Disse bem Frei Adalberto, frade pesquisador: "Nele, a raça de gigantes germinou em majestoso desdobramento de todos os seus formidáveis valores, e o gênio paulista foi elevado até às alturas da santidade" (MS-15).

2. Matrimônio-vocação

Como o matrimônio cristão é, antes de tudo, uma vocação para o serviço do Reino, acreditamos melhor afirmar que Deus mesmo chamou Antônio e chamou Isabel para uni-los em sólida e abençoada aliança de amor. E esta aliança foi realmente celebrada em Pindamonhangaba, pelo ano de 1735.

Foram generosos os santos esposos ao se abrirem para o dom da vida. Assim nasceram, num ninho carinhoso e cheio do Amor de Deus, José, Maria e Isabel em Pindamonhangaba. Já em Guaratinguetá, pelos anos de 1738 ou 1739, vem à luz o nosso Antônio, seguido de Ana (morreu logo); Ana Jacinta, João, Ana Joaquina, Francisco Xavier e Manuel, este em 1749.

Família grande... Desde o berço, o futuro cidadão e filho da Igreja se educa suavemente para a partilha dos valores humanos e morais; para a celebração comunitária da oração, que reconhece um Pai que está nos céus, cuja vontade superior é de fato o nosso bem, mesmo que as aparências sejam contrárias.

O leitor poderá ter notado a hesitação em fixar a data do nascimento do pequeno Antônio. Acontece que não temos até hoje a documentação do batismo de Frei Galvão. É pena, sim, mas não julgamos seja uma falta insanável, sobretudo em vista do processo de canonização. Podemos afirmá-lo exatamente em vista do esplêndido testemunho de vida católica dos pais, ele, da Ordem Franciscana Secular e da Ordem Terceira do Carmo, ela, exemplar e notória filha da Igreja. Além disso, possuímos os registros de nove dos dez filhos do casal. Impossível, pois, não tivessem batizado o pequeno Antônio. Ademais, nos arquivos da Paróquia, falta exatamente o livro com os registros de batizados no período em que nasceu o menino. E ainda: consta nos registros da época um fato comovedor, que revela o carinho e a responsabilidade que o casal Antônio e Isabel demonstrava para com as crianças pobres e abandonadas: eles aparecem frequentemente como padrinhos de tais bebês (SM-12)[2]. Ora, se demonstravam, para com os filhos dos outros, um tal sentir e agir com a Igreja, é humanamente impossível terem se esquecido de batizar o pequenino Antônio! Possivelmente na fazenda, em Pindamonhangaba.

Outro aspecto a ser considerado: o jovem Antônio estudou em Seminário Jesuíta, ingressou e professou na Ordem dos Frades Menores e foi ordenado sacerdote na cidade do Rio de Janeiro, onde a burocracia eclesiástica devia funcionar a contento. Seria quase "milagre" passar por tantos degraus de ascensão na "estrutura" da Igreja, sem a devida documentação batismal.

---

[2] *Frei Antônio de Sant'Anna*, Sor Myriam, 2ª ed., p. 12.

3. Amor aos pobres

Por tudo que foi dito e muito mais que não sabemos, podemos concluir que o mais puro Amor a Deus inundava o lar de Antônio e Isabel e transbordava para os mais pobres e humildes, entre eles, os respeitados e queridos escravos da família. É claro que os filhos contraíram este doce e salutar contágio, de modo especial, o pequeno Antônio. Certa vez, não tendo à mão o que dar a uma senhora pobre, acabou passando-lhe valiosa toalha branca. A pobrezinha depois de levar, ciosa, o rico dom, acabou recuando, trazendo de volta a esmola tão incomum. A mãe do menino, porém, segura e feliz, lhe falou: — Meu filho a deu, está bem dada!

Sobre a inexcedível caridade do pai de Frei Galvão, declara Dona Balduína Galvão de Castro Mafra, uma descendente da família: — O Capitão-Mor era muito caridoso e esmoler. Todos os dias ia assistir à Santa Missa, e, quando doente, fazia-se levar para a igreja em sua cadeirinha. Certa manhã, demorou a chegar. Uma velhinha, sentada nos degraus da escada, que dava para a igreja, adormeceu e em sonho viu a alma de seu grande benfeitor, e juntamente os anjos e demônios lutando por sua posse. Mas no mesmo instante, uma grande multidão de pobres acorreu de todos os lados em auxílio dos anjos e assim os demônios foram vencidos. A grande caridade que em sua vida sempre praticara com os pobres, lhe granjeara a salvação.

Revela-se, assim, a eficácia daquilo que se diria "o sacramento universal da salvação" que é o socorro aos irmãos que sofrem, por amor a Deus. A esse respeito disse Jesus — EU estava com fome... sede... nu... preso... doente... e ME socorreste! E muito graciosa, mas não irreal, aquela referência ao mistério da comunhão dos santos, da participação do fiel cristão nos méritos de seus irmãos: quase que os próprios anjos perdem a batalha pela salvação do Capitão-mor, não fosse a ajuda dos pobres!

Neste ambiente também viviam, de modo decente e cercados de respeito, os vinte e oito escravos da família.

4. Comunhão dos santos

Sant'Anna era a grande padroeira. "Estava em lugar de honra, no oratório, onde se encontravam dois nichos com várias imagens: um crucifixo de ouro com castiçais de diamante; uma Nossa Senhora da Conceição, um Santo Antônio e outros. O precioso conjunto não era apenas para enfeitar, mas era sim o coração religioso de toda comunidade familiar, sobretudo à noitinha, quando se faziam piedosas leituras, a recitação do terço: casa construída sobre a rocha!" E anota lindamente Maristella: "O nome de Sant'Anna era acrescentado a um ou mais filhos; é por essa razão que o menino Antônio veio a receber em Religião o nome de Frei Antônio de Sant'Anna. Três de suas irmãs chamavam-se Ana. Dona Isabel, embalando-as, terá cantarolado muitas vezes: 'Senhora Sant'Anna, ninai minha filha — vede que lindeza e que maravilha: — Esta menina não dorme na cama — dorme no regaço da Senhora Sant'Anna'".

Neste recinto sadio e puro, impregnado de autêntico espírito cristão, em profunda união com a Santa Madre Igreja, viveu o menino Antônio.

Rápido chegou a adolescência. Foi quando seus pais se preocuparam em dar-lhe uma formação mais acurada do ponto de vista humano, cultural e religioso. Ora, no Brasil de então só havia uma entidade verdadeiramente hábil para tanto: o Seminário dos jesuítas, dolorosamente longínquo, a 130 quilômetros de Salvador, Bahia, na cidadezinha de Belém! O jovem Antônio, 13 anos, iria para lá. Assim forçavam as circunstâncias. Uma referência reconfortante para todos: já se encontrava no Seminário o irmão mais velho José.

III
A CAMINHADA VOCACIONAL

1. Chamada de Deus — resposta do homem

Vocação, sobretudo para o sacerdócio católico, é mistério que penetra o coração do Mistério Total do próprio Deus! É Jesus quem o afirma, quando nos suplica: — Orai ao Senhor da messe para que mande operários!...

Evidente que na evolução lógica de uma vocação que diríamos anormal, o primeiro lugar histórico do processo vocacional é a família sacramentada, onde pai e mãe, conscientes da santidade do matrimônio cristão, procuram viver sua Aliança em Deus e para o Deus de Nosso Senhor Jesus Cristo, assim como o casal Antônio e Isabel, pais do futuro Frei Galvão.

Se a vocação sacerdotal é um mistério que mergulha no Mistério que é Deus, então é algo de eterno: o menino Antônio, ao nascer, já era um chamado por Deus. Pelo que vimos, passou muito bem no teste do ambiente familiar. Tudo favoreceu maravilhosamente a formação do futuro sacerdote franciscano.

Agora, porém, surgia uma nova etapa em que, além do ambiente, cresceria, mais e mais, a parte da colaboração livre e consciente do próprio Antônio. É que ninguém respeita mais a liberdade da criatura humana, imagem e semelhança de Deus, do que o próprio Deus, cioso de si mesmo!

É bem possível que tal processo tenha começado em casa mesmo. Não bastaria ter dado "ordens" ao rapazinho para ir ao Seminário de Belém. Era preciso convencê-lo, para que fosse livremente. E nisso, os pais não terão enfrentado maiores dificuldades, não somente em vista de já estar lá o mano mais velho, mas, sobretudo, porque o germe vocacional também trabalhava a favor da ideia. E assim ficou decidido.

2. Formação jesuítica

Não sabemos bem como teria o garoto realizado a longa viagem. Acompanhado de escravos? O mais certo é que o Capitão-mor, com seu prestígio e valiosas amizades, tenha confiado o querido filho a um viajante de confiança. O fato é que o futuro franciscano internou-se no famoso Seminário dos jesuítas.

Não era lugar para jovens moles e indefinidos. A disciplina dos jesuítas se destinava a gigantes. Era preciso muita fibra e abundante graça de Deus para superar, com frutos, as exigências daquela Escola, fundada pelo Padre Alexandre de Gusmão, sj.

Pelo que colheu Sor Myriam, o regime no famoso Seminário constava mais ou menos do seguinte: os alunos eram sujeitos a horários minuciosos para tudo, e obedeciam como frades ao toque da campainha; não havia entre eles divisões entre nobres e plebeus, pois o Espírito de Cristo os igualava; não podiam manter servos ou escravos no serviço pessoal, mas com modéstia se serviam a si mesmos e aos outros; todos os dias, depois das aulas, eram instruídos e elevados às práticas cristãs: caridade, pureza, temor de Deus, bons costumes, devoção a Nossa Senhora; aos domingos ouviam e estudavam o Evangelho de Cristo; comungavam nas festas de Cristo e de Nossa Senhora, e alguns, até semanalmente, naquela época fato raro; quase nenhum contato com pessoas estranhas. Mais de 500 rapazes passaram pelo Seminário, dos quais não poucos se tornaram religiosos e sacerdotes.

Considera Maristella: Se na alma de Antônio já se encontrava em germe a vocação religiosa, é fora de dúvida que neste Colégio ela desabrochou. Não é pequena honra para os jesuítas o terem contribuído, e não pouco, para a formação do santo franciscano.

3. Retorno a casa

Concordamos com Maristella quando a mesma diz que, sem dúvida, Antônio se faria jesuíta, bom e santo. De fato, em carta, o jovem solicitara licença do pai para dar o passo. Mas o Capitão-mor, do seu alto posto de observação política, enxergava longe... nuvens negras, mesmo, já bem próximas. De fato, dois anos depois de Antônio ter deixado o Seminário, o Governo de Portugal simplesmente extinguiu a Companhia de Jesus, Ordem dos jesuítas. Assim, em 1760, o Seminário foi fechado e seqüestrado pela Coroa.

Seis longos anos cursou o jovem Antônio o Colégio de Belém. Posteriormente, os fatos haveriam de confirmar a sólida formação que recebera dos padres jesuítas e o modo responsável com que soubera aproveitar os estudos: foi ordenado sacerdote com boa antecipação de tempo, em vista do seu saber e de sua maturidade.

Assim, aos 19 anos, o rapaz retornou à casa paterna. Paterna mais do que nunca, dado que a mãe Isabel morrera no ano de 1756, depois de longo sofrimento. Antes de expirar, doou toda a sua roupa aos pobres. Não se encontrou no seu inventário, nenhuma referência aos gastos com os seus funerais, como era habitual na época. Explica-se: o esposo Antônio quis dar-lhe pessoalmente esta última prova de amor e de gratidão. Naquela família tudo se revestia de grandeza, nobreza e dignidade cristãs!

Podemos dizer que Antônio encontrou a casa mais agitada: os negócios do pai prosperavam; eram constantes as rodadas de hóspedes de todas as categorias; mas sobretudo os irmãos, mais moços, ricos de amigos e amigas e, quem sabe, pretendentes, alegrando-se e movimentando o dia a dia da casa: festas, passeios.

Nada disso, porém, conseguiu prender Antônio. Entre experiências, orações e reflexões, chegou à conclusão de que devia ser fiel àquela misteriosa voz que o chamava para o altar e ao serviço do próximo.

4. Frei Antônio de Sant'Anna

Acontece que o próprio pai era seu fiel e prudente conselheiro. Ninguém melhor! Membro ardoroso da Ordem Terceira de São Francisco, estava, sem dúvida, ligado ao Convento de Santa Clara, em Taubaté. Não havia, na época, frades franciscanos em Guaratinguetá. Assim, foi muito fácil ao bom pai apresentar o querido filho Antônio aos frades de Santa Clara. Dificilmente ocorreria um candidato à vida franciscana em melhores condições. Tudo deverá ter sido encaminhado rapidamente, levando em conta as demoradas comunicações de então.

Desta forma, felizmente, foi Antônio recebido, com grande alegria e muitas esperanças, no Noviciado da Província Franciscana do Sul do Brasil, Convento de São Boaventura do Macacu, não longe do Rio de Janeiro.

Esse Convento ainda sobrevive, em ruínas, não longe do Santuário do Bom Jesus do Porto das Caixas, em terreno da família Simonsen. A Província Franciscana não tem mais direitos sobre ele. Quem escreve estas linhas teve a ventura e a tristeza de visitá-lo e fotografá-lo abundantemente. Deve ter sido um dos mais belos dos antigos Conventos franciscanos: duas igrejas de tamanho bem razoável, uma dedicada a São Francisco das Chagas e outras, a conventual, ligada ao Convento, que por sua vez ostenta ainda nove janelas de frente, dois andares. Houve uma depredação. Na igreja de Porto das Caixas se encontram a vetusta imagem de São Francisco das Chagas (altamente expressiva!) e a lindíssima Nossa Senhora dos Anjos, devoção franciscana. Na Matriz da Glória, Rio, está exposta à veneração a imagem de São Boaventura, franciscano, Cardeal e Doutor da Igreja, que ocupava o centro do altar-mor da igreja conventual de Macacu. Quem sabe se, com a sonhada canonização de Frei Galvão, alguém se lembre de restaurar o santo lugar, tão caro ao Servo de Deus e de tanto prestígio na época. Não seria assim que a Alameda de São Boaventura, em Niterói, tenha recebido tal nome porque, na ocasião, era caminho para o Convento do Santo?

Seja como for, o importante é que o jovem Antônio foi recebido no dito Convento em 1760. No dia 15 de abril, o Padre Guardião (superior de um Convento franciscano) Frei José das Neves lhe conferia a vestição do santo hábito do Seráfico Francisco. Foi quando, segundo o costume de então, se acrescentou "Sant'Anna" ao nome do jovem noviço, que passou a chamar-se Frei Antônio de Sant'Anna Galvão. Havia doze noviços, cinco brasileiros e sete portugueses. Já no ano seguinte havia vinte e nove, número recorde de noviços em Macacu.

Quais seriam os sentimentos do jovem noviço, agora revestido do hábito de São Francisco de Assis? Como seu próprio Pai Seráfico, ele não sonhava rasteiro, não, mas sonhava o Evangelho ao vivo, como bem o descreve Frei Adalberto Ortmann, franciscano também, e meticuloso estudioso da biografia de Frei Galvão: "Em Frei Antônio de Sant'Anna Galvão descobrimos o arrojo destemido do bandeirante, o espírito de ação, a vontade pelas empresas audaciosas, a austeridade de um caráter rígido e inteiriço, amoldado ao espírito de suavidade evangélica. Nele o gênio bandeirante entranhou-se nos sertões longínquos da espiritualidade cristã, escalou as montanhas gigantescas e impérvias da perfeição, saiu à descoberta, com ingentes trabalhos e árduas fadigas, das esmeraldas e pérolas de que falam as páginas sagradas" (MS-24).

A Província Franciscana que recebeu tão preciosa joia gozava de grande esplendor na época. De Vitória, Espírito Santo, até o Rio da Prata, mantinha treze Conventos, três residências menores, administrava quatro aldeias de índios e dirigia sete fraternidades de terceiros fora dos Conventos. Eram em número de 397 os frades, chegando a 490 em 1764. Nos grandes Conventos do Rio e de São Paulo, mantinham estudos de filosofia e teologia, com alguns mestres de grande expressão naquele tempo e alguns definitivamente ligados à história do País, e às letras.

5. O Noviço

Tudo indica que nosso Frei Antônio pouco tenha estranhado o noviciado, exclusivamente dedicado a conduzir os leigos candidatos a se tornarem realmente frades, religiosos iniciados. O Seminário dos jesuítas fora um verdadeiro pré-noviciado: o horário denso, mantendo os frades noviços sempre em atividade: sino chamando para a oração da manhã e Missa; sino encaminhando para a instrução matinal; sino convidando para o café; sino dando um tempo para a atenção pessoal; sino levando para trabalhos de toda espécie; sino oferecendo um lanche ligeiro; sino remetendo ao trabalho; sino apelando para a oração do meio-dia; sino estimulando para o almoço, quase sempre em silêncio, seguido de repouso ou limpeza da casa; sino levando ao recreio, ao encontro fraterno, ao descanso; sino despertando para o ensaio de canto gregoriano (música própria da Igreja), para as aulas; sino conduzindo a um cafezinho; sino reconduzindo ao trabalho; sino chamando para a oração da tarde e meditação; sino encaminhando de novo para o refeitório, a jantinha, seguida de um tempo livre, em silêncio; nos dias de festa, recreios alegres à noitinha; sino induzindo à oração da noite e levando à cama, quase que com as galinhas: é que no tempo do escritor, como no de Frei Antônio, funcionava o sino ainda antes da meia-noite... Entrava-se no novo dia em oração de uns três quartos de hora mais meia hora de meditação, em plena escuridão e silêncio!

Como se observa, as horas de oração como que estruturam toda a jornada. O noviço é introduzido na técnica e no espírito da oração oficial da Igreja, naquele tempo, em latim... Fonte da mais pura alegria, o esforço de desvendá-la sempre mais, penetrá-la, descobrindo o sentido dos salmos, as mensagens das leituras, educando-se para rezar e cantar tudo com pleno gozo franciscano... o que deve ter empolgado o nobre coração do esforçado Frei Antônio.

O ofício à meia-noite era a fonte mais abundante destas "estórias": aquela louquinha que ficava rondando a igreja aos uivos, enquanto os frades oravam ou meditavam... aquele enorme sapo que apareceu no altar em pleno ofício divino como que saudando os presentes... aqueles tantos que, durante a "meditação", resvalavam de seus lugares e caíam com estrondo... quando não era o próprio Mestre... aquelas correções públicas que os Mestres faziam às vezes, de um modo cômico, ridículo... Todavia, para este que escreve, o ofício à meia-noite foi uma experiência riquíssima, jamais atingida depois. Como não teria sido para Frei Galvão? E como não teria sido fecundo mesmo o encontro mais pessoal com São Francisco e sua riquíssima espiritualidade?

6. A Regra Franciscana

Evidente que nem tudo é amenidade na vida religiosa. Pouco a pouco, os candidatos são preparados para professar a Regra, no caso, a Regra e Vida de São Francisco de Assis, mediante os votos de obediência, castidade e pobreza. São esclarecidos e mesmo testados a respeito. E nesta linha vai o encontro com aquela vida cheia de pequenos sacrifícios que só Deus vê, só Ele recompensa e recompensará na eternidade. Nosso freizinho entrou a fundo nesta experiência e percebeu que se trata de "matar" a cada dia, cada hora, cada segundo, aquela serpente mentirosa que desde o princípio vem querendo fazer de nós um falso deus, arrogante e exigente diante do Deus único e verdadeiro; que se trata de estar sempre atento para que o Caim que vive dentro de nós não "assassine" Abel, por sentimentos, pensamentos, ações e omissões; trata-se de não se deixar contagiar pelo vírus do dilúvio, dentro de nós, que nos tenta continuamente para a moleza, os prazeres desordenados, o sexo sem freio e sem responsabilidade; trata-se ainda de se manter alerta contra a Babel da política e do poder dos homens, sempre petulante e ameaçadora para o Reino de Deus... Não é à toa que, mais tarde, Frei Galvão se referia à vida religiosa em termos de "martírio", não o martírio que o carrasco executa em poucas horas, mas o martírio da vigilância contínua, na rotina nauseante do cada dia, anônimo, oculto... Este tipo de heroísmo é para gigantes mesmo! Possível somente com a força do Alto!

Mas são abundantes as consolações já neste mundo, conforme prometeu Jesus a quem renunciar-se a si mesmo e abandonar tudo por Ele: terá cento por um já nesta vida, e mais generosa recompensa na eternidade (ver Mt 10,1-28). E é mesmo assim para os frades fiéis. Tanto que Frei Galvão foi um homem alegre até o fim de sua longa existência.

7. A Profissão

Com tal vida e tais preocupações chegou Frei Antônio, felizmente, à data de 16 de abril de 1761, quando professou nas mãos do Padre Guardião Frei José da Madre de Deus Rodrigues. Com a graça de Deus e sua generosa e judiciosa colaboração, apoiado pelos confrades, sentiu-se pronto para, num ato litúrgico, prometer a Deus e a sua Santa Igreja, mediante a Regra e Vida da Ordem Franciscana, esforçar-se, cada vez mais, para esvaziar-se do seu "ego" do pecado para possibilitar a Cristo glorioso enchê-lo de sua graça e de sua vida. Assim acontecera com São Paulo: "Já não sou eu que vivo, mas é Cristo que vive em mim" (Gl 2,20). Assim com São Francisco de Assis, que já chagado clamava: "Meu Deus e meu tudo!" Assim com Santo Antônio, que, a modo de Sant'Anna, recebeu em seus braços o Deus Menino...

Prometeria, em última análise, guardar fielmente a graça do batismo, sem mácula de pecado, e viver plenamente a vida batismal em regime de fé, esperança e caridade. Para consegui-lo, contava plenamente com o maternal auxílio de sua grande medianeira, Maria concebida sem pecado, a Imaculada.

De fato, no decorrer da cerimônia, depois de pedir ao celebrante a graça de poder professar, de acordo com um costume da Ordem de São Francisco naquele tempo, fazia o juramento de defender a verdade da Imaculada Conceição, que ainda não era dogma de fé. Somente em 1854 isso aconteceu. Então, com sua voz clara e forte, declarou: "Prometo e juro por estes santos Evangelhos de defender, até dar a própria vida, a conclusão em que confessamos que a Virgem Maria Nossa Senhora foi concebida sem pecado original e dele preservada pelos merecimentos de Nosso Senhor Jesus Cristo, seu Santíssimo Filho" (MS-30).

É necessário anotarmos bem esta ocorrência para entendermos melhor, logo mais, a Consagração de Frei Antônio a Nossa Senhora.

Continuando a cerimônia, nosso frade proferiu os votos: "Eu, Frei Antônio de Sant'Anna Galvão, faço voto e prometo a Deus, à Bem-aventurada Virgem Maria, ao Bem-aventurado São Francisco nosso Padre, a todos os Santos e a vós, Padre, de guardar todo o tempo de minha vida a Regra dos Frades Menores, confirmada pelo Senhor Papa Honório, vivendo em obediência, sem próprio e em castidade". E o Guardião responde: — "Se estas coisas guardares, eu te prometo a vida eterna. Em nome do Padre e do Filho e do Espírito Santo. Amém" (MS-30).

Fórmula breve, mas que coloca o professando diante da maravilhosa realidade da Igreja Santa do Senhor: a Comunhão dos Santos, a Igreja triunfante e militante, bem como padecente, porque são santos também os irmãos que se purificam no purgatório. E qual a garantia? Em Nome da Trindade Santíssima, fonte e culminância de toda Vida! Amém!

8. O Sacerdócio

Nós homens, limitados, ignorantes, temos a tendência de comparar os valores das coisas que nos cercam, até mesmo dos mais sublimes dons que Deus nos dá gratuitamente, magnanimamente. Assim, podemos indagar: — O que é mais: ser religioso franciscano ou ser sacerdote?... É possível ser religioso, sem ser sacerdote? E vice-versa?

O grande São Paulo já nos deixou genial resposta sobre os dons de Deus, na sua Primeira Carta aos Coríntios: todos eles estão a serviço do Corpo Místico de Cristo, que é a Igreja em seu Mistério Total. Os olhos, lá de cima, não podem desprezar os pés, lá na base. Tanto o de cima quanto o de baixo devem sentir-se honrados e felizes de terem sido chamados para ser Corpo de Cristo, cada qual com sua missão própria.

Entretanto, não obstante estas considerações, nós podemos legitimamente perguntar, em tese apenas, porque na realidade é uma impossibilidade: — O que é mais importante para mim, ser batizado ou ser padre?... Evidente que ser batizado é básico para a salvação e para a vida cristã: o batismo me liberta do pecado original, me comunica a vida de Cristo glorioso, fazendo-me, por isso, realmente filho de Deus, herdeiro da glória e membro vivo da Igreja. Isso tudo só é possível, não por méritos nossos, mas mediante a contínua iniciativa de Deus, que pelo Espírito Santo me infunde os dons teologais da fé, da esperança e da caridade. E é aqui que nos encontramos com a base da vocação religiosa: o religioso é, antes de tudo, um batizado que deseja ardentemente ser para Deus a resposta mais generosa e definitiva possível, e o faz através dos votos de obediência (fé no Cristo obediente); de pobreza (esperança ancorada na glória prometida por Cristo); de castidade (amor exclusivo e total ao Cristo servo dos cristãos).

Se o batismo confere tantas graças ao fiel, o sacerdócio, em si, faz do ordenado um servo da comunidade dos batizados, que é a Igreja. A ordenação sacerdotal é uma graça em favor dos outros, não rigorosamente do padre mesmo. Quando um sacerdote quiser o perdão de seus pecados, não pode se perdoar a si mesmo, mas terá que solicitar a mediação de outro ordenado. O dom do sacerdócio faz do padre um ministro do próprio Cristo, servo da comunidade. O padre será tanto mais autêntico, quando mais se conscientizar desta verdade, colocando-se humildemente a serviço de todos, especialmente dos mais carentes, das crianças, como o fez com empenho, beleza e dignidade nosso querido Frei Antônio de Sant'Anna Galvão. Ele jamais se utilizou do sacerdócio para se projetar entre os homens ou para encobertar uma vida cômoda e bem protegida! Sobretudo porque era religioso franciscano, frade menor, o irmãozinho dos mais fracos, bem consciente de ser pecador ele mesmo, indigno dos dons com que Deus o cumulara, ricamente, aliás, exatamente porque ele os colocava a serviço dos irmãos e da Igreja.

Outra coisa é ser apenas religioso ou apenas sacerdote. Isso é possível. A Igreja sempre reconheceu com gratidão tanto a vocação religiosa quanto a vocação sacerdotal. No caso, temos os chamados padres seculares, que não vivem em Conventos, como Frei Galvão, mas em suas casas, às vezes com a família, e devem obediência aos respectivos bispos.

9. Sacerdote Franciscano

Frei Galvão, como poucos, harmonizou ricamente a sua condição de sacerdote franciscano. Cultivando a dignidade de ministro de Cristo, sacerdote, jamais perdeu a simplicidade, a jovialidade, a generosa doação aos irmãos, qualidades próprias de um autêntico filho de São Francisco de Assis.

Na sua caminhada para a ordenação sacerdotal, Frei Galvão colheu com júbilo os frutos da formação que recebera dos jesuítas, em Belém. Em vez de três anos de preparação, bastou-lhe apenas um! Com que felicidade e responsabilidade recebeu a boa nova e a comunicou aos parentes e amigos! Dessa forma, foi ordenado sacerdote no Rio de Janeiro pelo Bispo beneditino Dom Frei Antônio do Desterro, em junho de 1762, com apenas 23 ou 24 primaveras.

Certamente não compareceu ninguém da família à solene liturgia da ordenação sacerdotal. A caminhada Guaratinguetá-Rio, além de cara e perigosa, tomava uns vinte dias de viagem!

Consta do Livro de Tombo que o nosso frade e neossacerdote se inscreveu no Curso de Filosofia, em São Paulo, aos

Igreja do antigo Seminário de N. S. de Belém Cachoeira — Bahia

24 de julho de 1762. Portanto, deve ter saído do Rio logo após a ordenação, acompanhado de confrades também transferidos, alguns colegas de estudos. No meio do caminho, terá aproveitado a ocasião para celebrar, alegre e solenemente, a sua primeira Missa, a primicial, para gáudio geral. O filho do capitão-mor, belo, vigoroso, alegre, humilde, celebrando com emoção e dignidade o sacrifício redentor, no querido altar-mor na Matriz de Santo Antônio de Guaratinguetá!...

Será que não ocorreram à memória feliz do neossacerdote franciscano as santíssimas palavras do Seráfico São Francisco sobre a Eucaristia?: "Considerai a vossa dignidade, irmãos sacerdotes, e 'sede santos porque Ele é santo' (Lv 11,44). E assim como o Senhor Deus vos honrou acima de todos, por causa deste mistério, assim vós, mais que todos, amai-o, reverenciai-o, honrai-o! É uma grande desgraça e uma lamentável fraqueza se vós, tendo-o assim presente, ainda vos preocupais com qualquer outra coisa no mundo inteiro. Pasme o homem todo, estremeça a terra inteira, rejubile o céu em altas vozes quando, sobre o altar, estiver nas mãos do sacerdote o Cristo, Filho de Deus vivo! Ó grandeza maravilhosa, ó admirável condescendência! Ó humilde sublimidade! O Senhor do universo, Deus e Filho de Deus, se humilha a ponto de se esconder para nosso bem, na modesta aparência do pão. Vede, irmãos, que humildade a de Deus! Derramai diante dele os vossos corações (Sl 61,9)! Humilhai-vos para que Ele vos exalte (1Pd 5,6)! Portanto, nada de vós retenhais para vós mesmos, para que totalmente vos receba que totalmente se vos dá!"[3]

---

[3] *São Francisco*, Escritos, p. 95, Vozes.

IV
UMA OBRA QUE FAZ HISTÓRIA

1. Porteiro, pregador e confessor

Claro que "a obra que faz história", a que se refere este Capítulo, outra não é que o Mosteiro da Luz. À primeira vista pode parecer que os ofícios assumidos por Frei Galvão, ao iniciar sua vida ativa em São Paulo, por obediência, nada tenham a ver com o famoso mosteiro. Todavia, veremos que não é bem assim. Vamos aos fatos:

Terminados os estudos, aos 23 de julho de 1768, foi Frei Antônio designado para servir no próprio Convento de São Francisco, onde estudara. Recebeu três funções: de porteiro, de pregador, de confessor. Isso é sinal de que já conquistara a confiança de seus superiores e confrades, dada a importância do Convento de São Paulo e sobretudo do cargo de porteiro. No Estatuto que deu posteriormente ao Mosteiro da Luz, Frei Galvão discorre a fundo sobre o ofício de Porteiro, a ser eleita a modo da Abadessa[4].

Quis a Providência que o escritor destas linhas tenha sido auxiliar do porteiro neste mesmo Convento, mais ou menos

---

[4] *Escritos Espirituais*, Frei Antônio de Sant'Anna Galvão §§ 11; 23.

dois séculos depois... Muitas diferenças, sem dúvida, mas o importante foi poder testemunhar ao vivo o que significa um bom porteiro para um grande Convento. Esteve ao lado de Frei Benedito Bueno, não sacerdote, mas inteligente, de muito boa formação, sobretudo simples, piedoso e amigo de todos, especialmente dos pobres. Que riqueza para o Convento e para a cidade! Quanta oração solicitada, quanta confidência, quanta graça alcançada, quanto sofredor socorrido, quanto serviço prestado, quanta criança abençoada, quanto pobre amado de coração sincero!... Além da tranquilidade e segurança para os superiores e confrades! Por aí se vê, como da sua modesta portaria, Frei Galvão acabou conquistando toda a pequena mas orgulhosa São Paulo do seu tempo, como veremos ainda. E somente Deus sabe quanto valeram para a construção e manutenção do Recolhimento, as amizades do santo Porteiro do Convento de São Francisco.

Quanto à pregação, logo resplende o carisma da Palavra do jovem e potente pregador das Missas dominicais e festivais. Deviam ser uns sermões bem preparados, seja doutrinariamente, seja lingüisticamente. Caso contrário, Frei Galvão não teria sido convidado, como o foi, para a Academia de Letras de São Paulo, fundada pelo Capitão-General Dom Luís Antônio de Souza Botelho Mourão, já nosso conhecido. Frei Antônio de Sant'Anna Galvão participou ativamente da solene sessão inaugural (e única!) a 25 de agosto de 1770. E foi exatamente uma homenagem a Sant'Anna, que na ocasião seria honrada com um altar na igreja do Colégio, então residência de Dom Luís, como sabemos. Só Deus sabe até que ponto Frei Galvão estava atrás desta homenagem à querida padroeira... Cumpriu a sua parte, revelando-se como poeta e latinista exímio. De fato, contribuiu com poemas em latim em honra de Sant'Anna e homenagem ao Capitão-General. Eis uma delas, na tradução em versos do saudoso Amilcar Quintela Júnior:

— *Esta, a Mãe da Senhora, doce e pia,/ e à qual devotamente cultuando, os povos da Cidade, vêm louvando/ sob as honras de Guia.*

— *Castíssima e prudente, deu à luz/ uma Filha puríssima, sem jaça, que mereceu a graça/ de ser a Mãe sublime de Jesus!*

— *Peço excelso valor de Ana,/ o Céu alivia e absolve qualquer criatura humana/ e à salvação a devolve!*

— *Por isso, o povo, que é seu,/ cheio da terna piedade, lhe pede que o leve ao Céu,/ por toda a Eternidade!* (MS-218).

Realcemos a vocação imaculista de Frei Sant'Anna: quando declama "uma Filha puríssima, sem jaça", está proclamando a Filha de Sant'Anna, a Imaculada Conceição, está cumprindo o juramento que fizera ao professar na Ordem Franciscana!

Por estes dados podemos descobrir o porte intelectual do humilde Porteiro. Nele, a riqueza da formação humanista e eclesial dos jesuítas em harmonia com a atitude humilde do frade menor franciscano.

Fica, assim, demonstrado como o ofício de Pregador uniu mais estreitamente Frei Antônio a Dom Luís, que bem merece ser tido como cofundador do Mosteiro da Luz.

Vale ainda acrescentar este dado: um pouco antes da festa acadêmica, Frei Galvão recebeu penosa notícia: a morte do pai querido, ocorrida no dia 10 de junho. Poucos como o filho frade conheciam o coração franciscano do falecido. Numa visão de fé, o finado se integrava ainda mais na realidade da Comunhão dos Santos, de cuja intimidade participava o filho amado como sacerdote do Altíssimo, sobretudo mediante a celebração da Eucaristia.

Como Confessor, talvez nosso frade e neossacerdote não tivesse muito trabalho, mesmo porque, na época, o Povo de Deus não procurava tanto o Sacramento da Reconciliação. Todavia, foi exatamente como Confessor, que Frei Sant'Anna

Galvão teve ocasião de se aproximar da contemplativa Irmã Helena e, com ela, dar início à corajosa obra da fundação do Recolhimento da Luz.

2. A trama da Imaculada

Em breve, Frei Antônio recebe outra distinção ligada a um encargo que haveria de definir a linha mestra de sua existência. Ele já tinha sido nomeado confessor apenas de leigos. No entanto, bem cedo as Autoridades Religiosas o designaram para confessor das religiosas carmelitas do Recolhimento de Santa Teresa, na época a única Comunidade de religiosas da cidade de São Paulo. Era bem jovem ainda o nosso Frei. Todavia, dada a sua notável maturidade humana e o seu testemunho de religioso exemplar e sábio, acabou atraindo sobre ele tal nomeação.

Era a Providência Divina tecendo as suas tramas através da história complicada dos homens: foi assim que Frei Galvão acabou conhecendo a Irmã Helena. Mas convém ligar as coisas: em 1761 Frei Antônio de Sant'Anna Galvão professa na Ordem Primeira Franciscana, com o juramento de defender a proclamação do dogma da Imaculada. Em 1766, ele assina, com seu próprio sangue, uma cédula de consagração irrevogável à Virgem Santíssima: "... vos peço pela paixão, morte e Chagas de vosso Filho, pela Vossa pureza e Conceição Imaculada..." (MS-42). De 1770, temos os seus versos a Sant'Anna com referência carinhosa ao mistério da Imaculada Conceição, como acabamos de ler. E agora se encontra com a Irmã Helena e mediante santa aliança com a pobrezinha de Deus, começa a lançar as bases espirituais do futuro Mosteiro da Imaculada Conceição da Luz. De fato, na carta que escrevera ao Governador, pedindo apoio para a nova fundação, Irmã Helena o faz "pelas dores da mesma Senhora, pela sua Imaculada Conceição..." Isso a 14 de novembro de 1773.

Vemos assim conscientes e sinceros propósitos imaculistas naquelas almas que se uniram na concretização daquilo que, no momento, julgavam ser a vontade de Deus.

3. As origens do Mosteiro da Luz

Já sabemos que a vontade dos homens não era assim tão favorável aos projetos de Frei Antônio de Sant'Anna e da Irmã Helena. A Lei Pombal impedia a formação de novos Conventos e mosteiros e condenava à morte os existentes. Além disso, não se aceitava bem a fundação de mais uma casa contemplativa feminina em São Paulo, pequenina ainda.

Afinal, o que desejava realmente a simples Irmã carmelita? No seu pedido ela afirma que se sentia bem no seu Mosteiro, mas que era o próprio Jesus que, através das falas e visões, lhe pedia a fundação de outro Recolhimento para outras ovelhas que Ele mandaria a seu tempo...

Quanto ao lado civil do problema, resolveu-se com jeitinho: a nova fundação seria um simples Recolhimento de mulheres desejosas de solidão para se aprofundarem na oração e na penitência, sem o compromisso de votos. Quanto à modalidade de vida, à espiritualidade, por uma série de circunstâncias providenciais, acabou sendo escolhida a *Regra* da Ordem Concepcionista (imaculista) fundada em 1484 na cidade de Toledo, Espanha, por Santa Beatriz da Silva, portuguesa. Hoje, a Ordem está juridicamente associada à Primeira Ordem de São Francisco, com boa presença no Brasil e no mundo (ver p. 156). Era bispo Dom Manuel da Ressurreição, ele também franciscano.

O local escolhido foi, como sabemos, a Capelinha de Nossa Senhora da Luz, das mais primitivas da região. Há notícias seguras de que já em 1583, franciscanos (imaculistas) espanhóis passaram uma temporada agasalhados na Ermida de Nossa Senhora da Luz. Um deles, Frei Diogo, morreu lá assassinado por um soldado compatriota, a quem o fradezinho ousara admoestar a não blasfemar o Santo Nome do Senhor! Considerado mártir, foi sepultado no Colégio dos Jesuítas, tendo operado milagres.

Em 1603, Domingos Luís, chamado "O Carroceiro", transferiu para lá a Capela de N. Sra. Da Luz, proveniente do Ipiranga.

A Capela acabou dando nome ao bairro. Esteve, por certo período, sob os cuidados dos monges beneditinos, que até hoje mantém o seu Mosteiro não longe dali, no Largo São Bento. Todavia, no tempo do Capitão-General Dom Luís, o local estava de fato abandonado. Como ficou dito, o piedoso Governador restaurou a Capela e criou condições para lá se instalarem a Irmã Helena e suas primeiras companheiras, umas dez ao todo, sob os cuidados do querido Frei Antônio de Sant'Anna Galvão, para que lá "se perpetrasse o culto do Santíssimo Sacramento e de Nossa Senhora dos Prazeres". Estamos a 2 de fevereiro (festa de Nossa Senhora da Luz) de 1774. Maristella nos transmite a piedosa expansão do saudoso Arcebispo de São Paulo, Dom Duarte: "Oh! se São Paulo soubesse quanto deve ao 'Laus Perenne' deste Convento!" (SM-65).

4. A vidinha das irmãs

É de todo legítima a curiosidade do leitor a respeito da vidinha que levavam as Irmãs no primitivo Recolhimento da Luz. Graças à diligência de Sor Myriam, podemos transcrever recordações de uma das Irmãzinhas que viveu esta inimaginável e corajosa experiência: "Principiou-se com muita pobreza; padeceu-se fome, sede, e mesmo falta de roupa necessária.

Muitas vezes nem água para beber se tinha; andava-se mastigando alguma coisa azeda para se mitigar a sede. Havia dias que nada se tinha para comer; e dávamos graças a Deus os dias em que no jantar podia-se fazer um mingau de tapioca, para se pôr no refeitório; isto se comia, e sem tempero, porque nem sempre havia sal ou gordura, e ficávamos muito alegres e satisfeitos com a Divina Providência, que era toda a nossa consolação e alegria.

"Quando viemos para a fundação, achou-se uma soqueira de bananas no quintal, na qual Nosso Senhor multiplicava os cachos; era muitas vezes o nosso socorro; comia-se assim mesmo, verdes, bem cozidas, e dávamos graças a Deus. Ceia, quase nunca havia; tocava-se para o refeitório, vinha a servente ver o que levar e a Irmã cozinheira respondendo que não havia nada, fazia a servente voltar com a resposta. Dávamos graças e assim acabava-se a refeição, todas conformes, sem haver queixas.

"Mas Nosso Senhor nunca nos faltou com a sua misericórdia! Experimentava, mas não faltava; basta dizer que, com todas estas necessidades, ninguém pereceu de fome e nem de qualquer outra falta; e algumas vezes dava-nos bastante para passarmos.

"As celas muito pequenas, sem soalho e sem forro e ainda poucas. Havia Irmãs que moravam em celas feitas com taquaras ou com esteiras e todas muito contentes.

"Nossas camas, todas no chão, consistiam em esteiras sem forro, um cepo de pau por travesseiro e um cobertor. Algumas mais doentes tinham o travesseiro feito com barba de pau. Os corredores sem luz e tão estreitos que com dificuldade podiam passar duas pessoas juntas.

"Vivíamos só com as esmolas dos fiéis, e coisas compradas com dinheiro era só para as Irmãs doentes; para as sãs isto seria considerado como relaxação e ofensa à Divina Providência.

"Vivíamos sem fundos e sem rendas, completamente entregues a Divina Providência, não pedíamos nada de esmola a ninguém; vender alguma coisa era considerado como um grande crime" (MS-73).

Isto tudo lembra o Testamento de São Francisco, documento em que ele recorda com carinho a vidinha dos primeiros frades que o acompanhavam...

Diante desta realidade, parece inacreditável que Frei Antônio de Sant'Anna, homem prudente e moderado, tolerasse e estimulasse tal tipo de vida. Acresce que algumas das Irmãs eram filhas de famílias abastadas, habituadas a toda forma de conforto da época. Certamente os parentes faziam pressões. Somente uma profunda visão da fé cristã acatará a resposta: trata-se daquela mesma resposta que deram São Francisco e Santa Clara, ambos apaixonados pela extrema pobreza do Filho de Deus e de Maria, sua Mãe Imaculada, seja no presépio, seja na cruz! Humildemente, Frei Galvão admitiria que a resposta das Irmãs fosse mais generosa do que a dele mesmo. Ademais, havia aquela nota constante, quase divina, assegurando-lhe a bondade daquela aventura: A ALEGRIA DAS IRMÃS!!!

5. A dupla orfandade

Não se pode negar que o Senhor de fato "castiga", prova, a quem Ele ama. E não podia ser mais dura a prova que Ele reservou àqueles humildes Servos seus, que tão pacientemente vinham tentando concretizar a obra do Recolhimento da Luz: a primeira, nada mais, nada menos do que a morte prematura da fundadora, Irmã Helena! Parecida uma seta mortal no coração mesmo da ainda frágil comunidade do Mosteirinho da Imaculada Conceição.

Realmente, é o que nos relata o próprio Frei Antônio Sant'Anna: "Um ano e vinte dias esteve a Fundadora nesta sua nova casa, e foi Deus que, servido por seus altos juízos levou-a para Si, querendo somente que dispusesse ela esta tão grande obra do seu divino beneplácito, para logo depois dar-lhe o prêmio dos seus trabalhos e virtudes, tirando-a deste vale de misérias para o eterno descanso".

"Faleceu a 23 de fevereiro de 1775; deu alguns indícios da sua morte, nela se conhecem aqueles mesmos sinais que a lenda de alguns santos os fazem admiráveis; (...) está sepultada na Capela-mor da mesma Igreja; dizem que tem feito muitos prodígios, eu sou testemunha de vários, porém, de um com admiração notável. A sepultura ainda não se abriu, julgo que se fará quando se trasladarem os seus ossos para a nova Igreja do novo Convento, em tempo que as religiosas, suas Filhas, passarem para o mesmo" (MS-76).

Tudo indica que o mesmo Frei Galvão escreveu uma primeira biografia da Irmã Helena, mas, infelizmente, não temos cópia da mesma.

Logo depois, aos 3 de março, o Senhor Bispo tomou as devidas providências para reorganizar a vida da Comunidade, preenchendo vários cargos de coordenação. Esta primeira e duríssima orfandade muito amadureceu as Irmãs, que, corajosamente, apoiadas em Deus e no dedicado Irmão Frei Antônio de Sant'Anna, perseveraram nos bons propósitos da falecida Mãe espiritual.

Entrementes, desenvolvia-se sinistra trama que teria, como diabólico desfecho, uma segunda orfandade. Já temos notícia desta tristíssima história. Vamos a detalhes importantes, para que possamos conhecer melhor a estatura do porte espiritual de Frei Galvão, bem como a grandeza de alma das heroínas Irmãs que perseveraram, cimentando definitivamente o futuro daquela comunidade que mal nascia.

Em junho de 1775, portanto, no mesmo ano da morte de Irmã Helena, terminou o período de governo do querido e benemérito Irmão em São Francisco Dom Luís Antônio de Souza. No dia 14 tomou posse o novo Capitão-General Martim

53

Lopes Lobo de Saldanha. Apenas uns quinze dias depois de sua posse, exatamente a 29 de junho, festa de São Pedro e São Paulo, ordenou ao Bispo o fechamento do pequeno Mosteiro.

Qual teria sido a atitude do sereno Frei Antônio de Sant'Anna nesta aflitíssima situação? Vamos deixar a resposta a uma Religiosa que testemunhou pessoalmente os fatos: "No dia de São Pedro toda a Comunidade tinha de comungar. Estávamos esperando que o Revdo. Frei Galvão viesse do seu Convento para nos dar a santa Comunhão e dizer a santa Missa, como costumava. Passada a hora marcada, e tendo-se reunido o povo das vizinhanças para ouvir a Missa, mandou-se ao Convento para ver o que teria acontecido ao Sr. Padre; então se soube que o Senhor Bispo o havia chamado".

"Esperou-se até bem tarde, possuídas todas as Recolhidas do maior susto possível. Finalmente chegou o Sr. Padre e foi direto à sacristia revestir-se para a santa Missa e apenas mandou dizer que, aquelas que estivessem prontas para comungar fossem ao comungatório, que ele não podia ir ao confessionário."

"Com efeito, saiu já revestido para a Missa; deu a comunhão e, durante a Missa, consumiu o Santíssimo Sacramento. Mandou apagar a lâmpada e, no fim da Missa, disse ao povo que não adorasse Nosso Senhor, pois não estava mais presente ali no sacrário."

"Terminada a Missa, tarde, mandou dizer à Comunidade que fosse ao refeitório, e depois do jantar à portaria para lhe falar. As Irmãs mal puderam rezar na forma do costume, não só pelo susto, como por afogadas em lágrimas."

"Foram à portaria, e então souberam que o Exmo. Sr. Bispo mandava que avisassem a seus pais para virem buscá-las; que dentro de um mês fossem todas para as suas casas e que se fechassem as portas do Convento."

Maristella se expande em ricos e justos comentários a estes acontecimentos, em si prenhes de dramaticidade, mas reduzidos a uma expressão singela pelo sereníssimo comportamento de Frei Antônio de Sant'Anna. Vamos aproveitar ao menos um pouco do que escreve a biógrafa do Bandeirante de Cristo:

"Era o momento crítico, diríamos aflitíssimo, e, no entanto, vemos Frei Galvão dirigir-se à sacristia, paramentar-se e subir ao altar, perfeitamente senhor de si. Domínio admirável, justificando plenamente o belo elogio que hoje se lê sobre a pedra de seu sepulcro: 'Tinha a alma sempre em suas mãos'".

"Terminada a Missa, conta a Irmã, vai dar a triste notícia a suas filhas, e depois de as consolar um pouco, abençoa-as e retira-se sem mais comentários. Não falou de ninguém, não se queixou, e disso temos segura prova, no fato de que nem a Irmã que narrou o acontecimento nem qualquer outro escrito antigo do convento, dizem que ao Capitão-General se deveu tal ordem, mas sim somente ao Bispo que de fato julgava difícil manter Recolhimento sem aprovação régia, e sem patrimônio algum."

"Talvez, não haja em toda a vida do Servo de Deus fato como este que mais em evidência lhe pusesse as altas virtudes."

E, depois de analisar os atos de fé, esperança, caridade incluídos nas atitudes de Frei Antônio de Sant'Anna, pergunta Maristella: "E quando lhe terá custado o exercício de todas estas virtudes? Seria exagero pensar que ele tenha sentido ferver em suas veias o sangue belicoso de Tibiriçá, e que o humor indômito dos piratininganos fizesse estremecer até as últimas fibras de seu coração? Não nos admiremos de que tal possa ter acontecido, porque os santos são homens como nós, mas, não param aí; manifestam-se super-homens, vencendo a si mesmos" (MS-78).

E assim o Recolhimento ficou órfão também de Pai...

6. Feliz reencontro

Pela lógica de Frei Galvão e da falecida Irmã Helena, o Recolhimento não poderia acabar daquele modo tão desastroso. Era uma obra de Jesus, solicitada insistentemente por ele. Assim pensavam também as Irmãzinhas que haviam convivido com a Fundadora. Elas resolveram, heroicamente, permanecer no convento, enquanto apenas três companheiras se afastavam. Obedeceriam, sim, o Mosteiro seria rigorosamente fechado para todos os efeitos e elas se abandonariam totalmente à Providência Divina, confiantes numa solução positiva do problema. De fato, externamente, tudo levava a crer que o Recolhimento fora extinto. Mas lá dentro, internamente... Demos a palavra a uma testemunha:

"Deus, porém, cuja Providência vela especialmente sobre aqueles que o servem com constância, manifestou logo o seu amor, sustentando-as com sua graça e dispensando-lhes alguns milagres, entre os quais referimos dos mais especiais":

"Primeiro foi que tendo estado o tempo seco por alguns dias, e faltando inteiramente a água, em um dia sereno e claro resolveram as Religiosas implorar a Clemência Divina, e reunindo-se no coro começaram a orar com fervor, imediatamente cobriu-se o céu de nuvens e começou a trovejar; e caiu uma pancada d'água, quanta era necessária para encher as talhas e mais vasilhas que havia na casa, e logo que estas foram enchidas, cessou a chuva.

"Outro foi que, havendo no quintal da casa, um pé de morangas, o qual era continuamente despojado das folhas tenras e grelos em razão da grande fome e falta de alimentos, não obstante isto, prosperou e estendeu-se tanto, e no tempo próprio produziu tanta abundância de frutas que as Religiosas, não podendo dar consumo a todas, deram a outras pessoas e até tiveram que deixar apodrecer grande parte das morangas..."

Um pouco mais de um mês durou esta situação angustiante. Foi também um tempo de expectativa para o novo Capitão-General, que se apressaram em mandar ao Vice-Rei, residente no Rio, o relatório do seu grande "feito": o fechamento do Conventinho. Aguardava os seus elogios, é claro. Mas, para suma humilhação do orgulhoso Governador e supremo júbilo de todas as pessoas ligadas ao Recolhimento, "o Vice-Rei cumpriu o seu dever com liberdade e coragem dignas de sua autoridade, e advertiu seriamente o novo governador de São Paulo. Talvez lhe tenha ordenado também a reabertura do Convento ante alguma representação do Bispo Dom Frei Manuel da Ressurreição".

Certamente, Frei Galvão não ignorava que um grupo de Irmãs tinha permanecido no Conventinho. Numa cidade pequena tudo se sabe. Terá vivido também seus momentos de ansiedade, moderada, todavia, pela oração constante e plena confiança na Providência. Era sua atitude habitual. Mas não foi sem profunda emoção que recebeu a esperada e bendita ordem do Senhor Bispo para retomar os cuidados pelo Recolhimento. Deixemos Maristella nos contar:

"Era, portanto, para correr quando para lá pode voltar. Quem o visse assim apressado pela 'descida da figueira de São Bento' — assim se chamava o trilho primitivo onde é hoje a Rua Florêncio de Abreu — diria que iria sacramentar algum moribundo. Não um só, dizemos nós, mas sete".

"Quando as freirinhas ouvem bater à porta com certa impaciência, quais tímidos pintainhos reúnem-se e entreolham-se medrosas: Quem seria? Há um mês que não aparece vivalma no Recolhimento; que nova desgraça viria agora?"

"Logo o temor se muda em extraordinária alegria e admiração, ouvindo a voz conhecida do Servo de Deus, a chamar: — Irmã Conceição, Irmã Gertrudes, Irmã Teresa, estão aí? É Frei Galvão, não tenham medo!"

"Correm quanto lhes permite a fraqueza, até à grade da portaria e abrem-lhe as portas, exclamando a uma só voz: — Senhor Padre! — Era este o tratamento respeitoso que davam ao seu Fundador. E todas se prostram de joelhos, chorando, chorando..."

"Que encontro! Teria comovido até as pedras!"

"Quem teria sofrido mais? Ele ou elas? Só Deus sabe, mas todos se mostraram dignos discípulos do Divino Mestre seguindo-o até o cume do Calvário" (MS-82).

7. Pedras e muros do mosteiro

Com sincera emoção, o autor destas linhas pode declarar que conhece o Mosteiro da Luz há mais de cinquenta anos! Como auxiliar do Porteiro do Convento de São Francisco, menino ainda, frequentemente devia ir "às Irmãs de Frei Galvão" buscar hóstias fabricadas por elas. Por isso, são-lhes gratamente familiares à memória, a austera beleza do conjunto do Convento; a amplidão dos corredores; a altura das paredes; as enormes e belas janelas e portas; e quase sobrenatural conversação junto à "roda", entre a portaria e a clausura; a mística e dourada piedade da igreja; a discreta lápide branca da sepultura de Frei Galvão; as maravilhosas histórias em torno das "pílulas do Frei"... Cinquenta anos depois, a gente escrevendo estas coisas com uma esperança enorme de colaborar mais diretamente para a canonização de um confrade ao qual se está ligado de modo tão sublime!

Maristella e Sor Myriam escreveram sobejamente sobre a construção do Mosteiro (MS-94). Vamos nos contentar com um resumo, retalhos. No texto em que nos noticia a morte da Fundadora Irmã Helena, o próprio Frei Antônio Sant'Anna se refere à nova e definitiva construção. Bem cedo compreendeu que não podia fugir àqueles trabalhos, envolvendo um projeto ousadíssimo para instalar, bem definitivamente, uma comunidade contemplativa: criar um ambiente de silêncio e piedade; de beleza e simplicidade; de luz e higiene; de amplidão e concentração... Tudo isto e muito mais encontra-se ainda hoje no imponente e humilde Mosteiro da Luz, dedicado a Maria Imaculada. Esta obra testemunha a genialidade do conhecido Frade Menor, que se fez tudo para todas as exigências da construção, que para ele era a vontade de Deus: foi o sonhador, o desenhista, o planejador, o arquiteto, o ecônomo, o administrador, o pedreiro, o carpinteiro, o servente e, sobretudo, o zeloso esmoler, que saía a pé, pregando pelas cidades vizinhas e recolhendo fundos, pedras, madeira (quanta madeira!... mas ainda na floresta!) toda espécie de materiais, escravos... A *Regra* de São Francisco, vivida a fundo, conseguiu transmudar de tal forma o privilegiado filho do rico capitão-mor de Guaratinguetá!

Foram quase cinquenta anos neste rodopio alucinante de trabalhos e preocupações de toda sorte. E o que é mais eloquente ainda: enquanto Frei Galvão empenhava a alma naquela luta, ele via recrudescer em torno dele a perseguição à Igreja: conventos fechando as portas, a sua própria Província Franciscana da Conceição em plena agonia! Somente o heroísmo de um Santo transfigurado por uma profunda e raríssima visão de fé! Era o "escravo" que não perguntava aonde ia terminar aquilo tudo...

Apesar dos pesares, em 1788 as Irmãs puderam ocupar felizes a "Casa Nova" para grande tranquilidade do Pai. Em 1802, ele mesmo benze a nova igreja, celebra, prega, encerra Jesus-Eucaristia no tabernáculo... e que lindeza de tabernáculo! Mas sem a devida douração. Quando morreu Frei Antônio de Sant'Anna, ainda faltava este detalhe e a torre estava por construir.

Frei Galvão não queria mais do que vinte e tantas religiosas no Mosteiro, seja por natural senso pedagógico, seja por conhecer um pouco da história da vida religiosa. Por isso construiu o necessário para tal lotação e não mais. Todavia, com o aumento de vocações, surgiu posteriormente a chamada ala Prates, com outras tantas acomodações, edificada pelo Conde Prates, benfeitor e grande devoto de Frei Galvão.

59

A certa altura, o Mosteiro recebeu a visita de Dom Pedro II e esposa, bem como outras personalidades. Até hoje é muito procurado por arquitetos, artistas... Dentre eles, destacamos o famoso modernizador da cidade de São Paulo, Prestes Maia, que tinha o Mosteiro em alta consideração profissional, como um dos mais autênticos testemunhos da história de São Paulo (MS-112).

8. Pedras vivas do mosteiro

Como bom franciscano, Frei Antônio de Sant'Anna amava profundamente a vocação contemplativa, convicto de que esta é a "melhor parte" da Vida do Reino, encarregada de perpetuar na História a oração do próprio Filho de Deus feito homem. E entendia do assunto como poucos. Não fosse esta quase que segunda vocação nele, jamais teria realizado o que realizou de fato e para valer, para durar!

Não nos referimos tanto à construção material do Convento, mas muito mais ao delicadíssimo empenho em formar, pacientemente e competentemente, as "pedras vivas" que deveriam ser a alma de tão suspirada obra de Deus. Problema altamente dificultado pela morte prematura da Irmã Helena, já experimentada na vida contemplativa. Somente um religioso, que se fizera ele mesmo "oração viva", qual outro São Francisco, pudera conseguir o que ele conseguiu, além dos incontáveis trabalhos que o ocupavam e preocupavam.

A modo de seu Seráfico Pai, Frei Antônio de Sant'Anna Galvão toma a Bíblia como fonte de inspiração para formar as Irmãs. No Estatuto[5] provisório que deu à Comunidade (é legislador!), ele afirma que a vida religiosa "foi inspirada por

---

[5] Ver *Escritos Espirituais*.

Deus, à semelhança da primitiva Igreja", para conservar "o espírito apostólico". Ora, as Escrituras nos relatam (Atos) que a Igreja primitiva, governada pelos Apóstolos, vivia em plena comunhão fraterna (de irmãos!), não apenas espiritualmente, mas também materialmente, unidos profundamente na fé, na esperança, no amor, na oração, na celebração da Eucaristia. Assim também as Irmãs de Frei Galvão procuravam tirar todas as consequências do Batismo, como Irmãs em Cristo, em obediência à mesma fé, arrebatadas pela mesma esperança celeste e por isso pobres de bens terrestres; unidas e fiéis ao único Amor Supremo, e por isso puras (imaculadas!) e diligentes no serviço fraterno (caridade).

Vimos já o testemunho eloquente daquele grupinho primitivo de filhas da Escola de Frei Galvão, que resistiu pacificamente à ordem de fechar o conventinho ainda em germe: que espírito de pobreza realmente superior; que força quase divina na união de caridade entre elas; que coragem sublime de decidirem-se a obedecer antes a Deus que aos homens, embora a ordem de fechar fosse aparentemente do Bispo!

Em tão pouco tempo Frei Galvão pudera dar tanto, sendo tão moço. De onde lhe vinha tal capacidade, fora o auxílio do Alto? Do natural carisma de transmitir, formar, ser mestre? Isso ajudou, naturalmente, mas cremos que a resposta mais plena está no fato de ele viver como poucos a *Regra* de seu Seráfico Pai São Francisco, que prima em levar os franciscanos a viver, a se amar e a se servirem como irmãos: é eminentemente fraternidade pobre, servidora, obediente, na alegria da Paz do Senhor!

Assim nos encontramos com Frei Antônio de Sant'Anna como autêntico Mestre daquele ideal de vida religiosa que sonhava para as Irmãs. Os frutos nos revelam a pureza e a força da árvore. A história do Mosteiro da Luz está aberta para quem quiser conferir. Baste lembrar que os contemporâneos o apelidaram de "viveiro de santas" e em determinada ocasião o Senhor Bispo declarou, por escrito, não encontrar outro sacerdote para substituir o humilde Frei Galvão no serviço e na formação das Irmãs!

Um outro detalhe que impressiona deveras: além de Mestre, Frei Antônio de Sant'Anna Galvão tem que ser Professor de latim e de canto gregoriano (como ele gostava de solenizar o culto!). Naquele tempo, as orações litúrgicas eram em latim, e o canto eclesiástico era o gregoriano. Ora, Frei Galvão sonhava para seu Mosteiro o título de "pontifício" (com aprovação do Papa!). E isso não seria possível sem o latim. Nosso Santo enfrenta mais esta árdua tarefa e os fatos nos confirmam que se saiu muito bem!

Outro grande motivo que o impulsionava a tão grande zelo foi o seguinte: na Igreja, a oração oficial (litúrgica) é tida, amada e celebrada como oração do próprio Cristo. Uma comunidade religiosa em oração litúrgica, é a Igreja, Esposa de Cristo, em mística união com o Esposo, unida ao Pai no Amor do Espírito Santo. Frei Galvão vivia este mistério também mediante a Regra de São Francisco que, com tanto amor, cultivou a oração litúrgica. Por isso, o zeloso Mestre não podia deixar suas filhas alheias a tais riquezas.

O trabalho, sob todos os aspectos, era outra faceta muito importante da pedagogia do Mestre Frei Galvão. As Irmãs não podiam servir-se de escravos e escravas para sua própria comodidade, a não ser em casos especiais. Faziam de tudo no Convento e cozinhavam também para os oficiais trabalhadores da construção. E isso foi uma constante enquanto Frei Galvão viveu. De onde aprendera Frei Galvão a importância do trabalho, não só para convívio de cada dia, mas também para a saúde física e mental das Irmãs, base da alegria? A resposta ainda é esta: na Regra de São Francisco de Assis, assimilada também por Santa Clara para as Irmãs da Segunda Ordem, o Seráfico Pai se refere ao trabalho como "graça" conferida por Deus.

Diz a Escritura que no Reino de Deus, que perpassa os séculos, uns semeiam, outros regam e outros colhem. No caso do Mosteiro, Frei Antônio de Sant'Anna Galvão aplicou-se religiosamente em sua longa existência em semear, e semear bem as melhores sementes, com os melhores recursos disponíveis. Outros as regaram com carinho. Eis como Maristella nos noticia a colheita:

"... cingiu-se ao que era melhor para o tempo, confiando em Deus, que para o futuro suscitaria o Senhor novas almas que completassem sua obra, assim como suscitara quem começasse. E tal aconteceu, 155 anos mais tarde, na pessoa de Madre Oliva Maria de Jesus, apoiada pelo Arcebispo Dom Duarte Leopoldo e Silva. Graças a esta esclarecida e virtuosíssima religiosa, foi o Convento incorporado à Ordem Concepcionista, elevando-se de simples recolhimento a mosteiro pontifício com votos solenes e observância da Regra própria da Ordem a que, anteriormente, pertenciam por devoção e ordem do Bispo Dom Manuel da Ressurreição" (MS-88).

V
A REGRA FRANCISCANA
E AS BEM-AVENTURANÇAS

1. Regra e vida

Nosso desejo é encontrar as linhas de força do testemunho de vida de Frei Galvão, que nos expliquem a razão última do seu modo de viver, o sentido que ele procurou dar a sua maravilhosa e longa existência.

É claro que não podemos chegar a isso autenticamente, a não ser de um modo objetivo, real, histórico. Quanto a isso, julgamos poder apresentar um caminho seguro: como religioso e como sacerdote. Frei Antônio de Sant'Anna abraçou com seriedade, com devotamento de "escravo" a *Regra e Vida* de São Francisco de Assis como norma de vida. Voltemos, pois, a examinar este dado fundamental para a análise da vida do nosso querido candidato aos altares.

Está em vigor ainda a mesma *Regra* dada pelo Seráfico Fundador, exatamente a *Regra* livre e generosamente abraçada por Frei Galvão. Ora, aprovada pela Santa Madre Igreja, ela dá àquele que a segue com fidelidade, a segurança de santificar-se. Portanto, se ficar provado que Frei Antônio guardou a *Regra Franciscana* com fidelidade durante sua longa existência (longa mesmo!), então ele se santificou. Vamos tentar demonstrar esta fidelidade de Frei Galvão. Não nos interessa tanto a cronologia histórica dos fatos, mas a respectiva autenticidade dos mesmos. Por isso continuaremos a nos referir frequentemente às fontes, mediante as iniciais MS = Maristella e SM = Sor Myriam.

A *Regra* exigia do nosso bom Frei uma série de atitudes exteriores e interiores. Eis um resumo delas: seguir o "Evangelho de Nosso Senhor Jesus Cristo", como "frade menor", irmão pequenino, aderindo à Igreja de Cristo, sobretudo ao "Romano Pontífice", mediante os votos de obediência, pobreza e castidade, guardando fielmente "a fé católica" e vivendo e celebrando "os sacramentos"; por isso, fica obrigado a rezar o "Ofício da Igreja, segundo a liturgia romana" e, no espírito e nos tempos desta liturgia, guardar períodos de "jejum e abstinência". Devia ser instrumento da PAZ, evitando "discussões", procedendo sempre com "mansidão". Devia andar "na mais santa pobreza", zelando para jamais perder o "espírito de oração", que deve "sobrepor-se a tudo", podendo, em caso de necessidade, recorrer à "esmola"; "pobres de bens", os irmãos deveriam ser "nobres de virtudes", evitando a "soberba, vanglória, inveja, avareza, detração, murmuração", praticando sobretudo a "misericórdia". Os irmãos doentes sejam tratados com desvelada caridade. Se colocado como "ministro" (superior) de seus irmãos, seja o "servo" de todos. Encarregado de visitá-los e corrigi-los, seja "misericordioso". Nas pregações, haja sempre prévia autorização dos Bispos e sejam elas "sinceras e bem planejadas, úteis e edificantes", breves com referências à "pena e à glória". Enfim, "orar sempre, de coração puro", "paciente nas perseguições", cuidando de "amar os inimigos".

Temos aí, pois, um resumo honesto da *Regra*[6] abraçada por nosso Frei Galvão. Qual seria a razão última de todas estas práticas, que o próprio São Francisco não queria que

---

[6] *São Francisco, Escritos*, Vozes, p. 131-139.

se reduzissem a meras leis sem vida? Sem dúvida, de acordo com o mais puro espírito do Seráfico Fundador, Frei Antônio de Sant'Anna coloca a razão central da sua existência no seguimento da pessoa viva de Nosso Senhor Jesus Cristo e sua doutrina, sempre unido, claro, a sua Mãe Imaculada. Se Frei Galvão se fez voluntariamente pobre, foi porque o Filho de Deus deixou a glória para abraçar a simplicidade e a pobreza; se Frei Galvão se tornou casto, se fez livre de toda forma de amor humano, mesmo legítimo, foi porque assim viveu Jesus, o Filho de Maria, para melhor servir os irmãos; se Frei Galvão se fez obediente até o sacrifício total de si mesmo, foi porque o Filho de Deus humanado se fez obediente até à morte de Cruz! E assim podemos perpassar toda a *Regra Franciscana* e ela então se torna vida de Cristo, renovada pelo santo. Eis o fruto último deste processo de penitência.

Tomando Jesus Cristo e seu Evangelho como referência central de sua *Regra e Vida*, o Poverello de Assis não perdeu de vista as "bem-aventuranças", coração mesmo da pregação do Divino Mestre. Apresentando uma síntese, embora imperfeita da *Regra*, sublinhamos os vários pontos de contato da mesma com as "bem-aventuranças": pobre, manso, pacífico... Mais tarde, o Seráfico Patriarca, desejoso de estimular seus frades à observância da *Regra*, escreveu uma série de ricas *admoestações*, boa parte inspiradas nas bem-aventuranças. Citemos apenas um exemplo: "Bem-aventurados os pobres de espírito, porque deles é o Reino dos céus" (Mt 5,3). Muitos há que são zelosos na oração e no culto divino, e praticam muito a abstinência e a mortificação corporal. Mas, por causa de uma única palavra que lhes pareça ferir o próprio eu ou de alguma coisa que se lhes tire, logo que mostram escandalizados e perturbados. Estes não são pobres de espírito, pois quem é deveras pobres de espírito odeia a si mesmo (cf. Lc 14,26, Jo 12,25) e ama aos que lhes batem na face (Mt 5,39)[7]. Portanto, o Seráfico Francisco tinha plena consciência de que as bem-aventuranças formavam o coração mesmo de uma espiritualidade evangélica, como desejava sinceramente fosse sua *Regra e Vida*.

É por isso que, para disciplinar um pouco a análise da vida e do testemunho de Frei Antônio de Sant'Anna Galvão, seguiremos daqui por diante o esquema das bem-aventuranças. Notemos que Jesus chama de "bem-aventurados" aqueles que, já nesta vida, antecipam a vida do Reino que virá, colaborando com o Espírito, para a glória do Pai.

2. Bem-aventurados os pobres de espírito...

Regra de São Francisco: "Pelo que, meus diletíssimos Irmãos, apegando-vos inteiramente a ela (a pobreza como valor!) por amor ao nome de Nosso Senhor Jesus Cristo, não queirais jamais possuir outra coisa debaixo do céu"[8].

O espírito do mundo despreza a pobreza... O espírito do Cristo beatifica a pobreza!

Existe a pobreza espiritual, que é básica, indispensável para o seguimento de Cristo. Ele mesmo o diz com toda sua autoridade de Caminho, Verdade e Vida para os homens: "Quem quiser me seguir, renuncie-se a si mesmo!..." É que Ele veio restaurar o homem segundo Deus, e se dirige a homens segundo o pecado, cheios de si, daquele deus falso que a mentira do demônio entronizou neles. Renunciar a este deus falso, esvaziar-se de si mesmo para encher-se de Cristo, de sua Verdade, de sua Vida, é acertar o Caminho com o Redentor, é libertação!

---

[7] *Escritos*, p. 66, n. 14.
[8] *Escritos*, p. 135, cap. 6.

*Convento de São Boaventura do Macacu
– Porto das Caixas – Rio de Janeiro*

Nisso consiste a pobreza de espírito. Há ricos, materialmente ricos, que conseguem este ideal e há pobres, materialmente pobres, que permanecem orgulhosos e cheios de si!

O jovem Antônio Galvão, sendo rico materialmente, ao descobrir o valor da pobreza espiritual, despojou-se generosamente e definitivamente de si mesmo e dos bens materiais, e se consagrou como "escravo" ao Reino, apoiado na mediação poderosa da Rainha Imaculada.

O despojamento evangélico não é mero e estéril repousar no "nada absoluto"... Pelo contrário, é bem a atitude do "escravo" amigo, sempre atento à voz, ao querer mesmo oculto do seu Senhor, para pôr-se a serviço. Daí a relação íntima que a verdadeira pobreza espiritual do Evangelho estabelece com a obediência. O autêntico pobre das bem-aventuranças é a simplicidade que obedece!

Assim foi com Frei Antônio de Sant'Anna Galvão. Simplesmente obedeceu durante toda a sua prolongada vida religiosa, abraçado à *Regra Franciscana*: por obediência exerceu com carinho e competência seus cargos de porteiro, pregador e confessor; por obediência se encontrou com a Irmã Helena; por obediência heróica fechou o Conventinho recém-nascido; por obediência tornou a abri-lo; por obediência perseverou duramente nos trabalhos da construção da grandiosa obra do Mosteiro; por obediência cumpriu iníqua ordem do tirano e por obediência se tornou o irmão e amigo "prisioneiro" da cidade de São Paulo, como veremos.

O apelo de Cristo para a vocação religiosa é radical, é de seguimento, de desinstalação, de imitação... Por isso, à luz do exemplo de Cristo, tão bem concretizado por São Francisco, Frei Galvão também despojou-se alegremente das coisas materiais. Com a naturalidade e a segurança de quem reconhece que todos os bens são, por raiz, do Pai Criador, renunciou sua herança e sua própria família (e que família!), passou a vestir-se e calçar-se como frade menor, morando, dormindo e comendo com extrema modéstia. Quando comia no Mosteiro que estava construindo, queria os resto das refeições das Irmãs, mas estas sempre davam piedoso jeitinho de dar-lhe algo mais digno (MS-175); quando tomava refeição com os confrades, guardava para as Irmãs a porção de farinha que lhe cabia (MS-174). De preferência caminhava a pé, mesmo em viagens como São Paulo-Rio e vice-versa, e tudo para seguir a pobreza do Senhor Jesus. Não perdia de vista nem o Presépio nem a Cruz do Salvador (SM-157)! Tal amor que segue e acompanha o Mestre era a sua "bem-aventurança"! Ele era alegre (MS-98)!

A pobreza evangélica autêntica, dos santos, é uma atitude extremamente fecunda. Ela se relaciona também com o trabalho. Quando o Cristo poeticamente se refere ao passarinho que não planta, mas colhe, evidente que não está sugerindo ao homem que não trabalhe! Passarinho é passarinho, homem é homem! Ao homem foi dada a missão de trabalhar. São Francisco fala da "graça de trabalhar", ainda mais quando se imita o trabalho honesto, simples, saudável da família de Nazaré. Assim Frei Galvão: amava o trabalho e o tinha como graça importante para ele e para as Irmãs. Além dos trabalhos normais da vida de um frade menor, não somente administrou por quase cinquenta anos as obras do Mosteiro, como foi operário ele mesmo, estimulando assim os trabalhos dos próprios escravos, que respeitava como filhos de Deus (MS-101; SM-90).

Acontece que o trabalho do bom franciscano por maior que fosse, não rendia dinheiro, ouro ou joias para tocar as obras, alimentar mais de vinte Irmãs, os oficiais, pois todos comiam da cozinha das Religiosas. Era um sorvedouro insaciável de recursos! Assim, conforme a Regra Franciscana, Frei Galvão ainda arranjava disposição para sair pedindo esmolas. O filho do capitão-mor! Tais saídas comportavam, às vezes, viagens longas, com pregações, celebrações, visitas a doentes...

Sua extrema simpatia, seu exemplo de varão santo, amoleciam os corações. Milhões passaram por suas mãos e tudo foi escrupulosamente aplicado nas obras. Certamente que lhe davam também quantias "para seus pobres", como ainda bons cristãos o fazem. Sabe-se que o bom frade era um generoso "pagador de dívidas". Por conversas na portaria, nas visitas que fazia, mesmo no confessionário, vinha a saber das dívidas que preocupavam e "envergonhavam" famílias inteiras. O santo franciscano, na medida do possível, escondidamente pagava as contas, e dava ciência disso aos beneficiados, por terceiros, revelando fidalguia, respeito. Sem dúvida, nesta área, muito aprendera de seu ilustre pai (MS-161; SM-87; 119).

À medida que o fiel se despoja mais e mais de si mesmo, enchendo-se de Cristo e do espírito do Evangelho, mais apto se torna para o inseparável abraço místico com a atração redentora da Cruz. Com nosso Frei Antônio Sant'Anna aconteceu o mesmo: tinha profunda devoção a Jesus crucificado e, com muito carinho e comovida gratidão, meditava e percorria os passos da Via-Sacra, como bom filho do Seráfico Patriarca de Assis. Daí seu apego à eucaristia, memorial vivo da morte do Senhor e garantia da vida eterna. Da Cruz também seu ardor apostólico, que certamente lhe vale o título de "missionário da Capitania de São Paulo": São Luiz do Paraitinga, Itanhaém, Guaratinguetá, Taubaté, Itu, Porto Feliz, Indaiatuba, Sorocaba, Campinas e sobretudo São Paulo sentiram o benefício imenso da sua presença, da sua palavra de homem do Evangelho de Deus.

A rigor, poderíamos analisar toda a vida de Frei Antônio sob o prisma da pobreza evangélica. Ela é de fato de capital importância para a compreensão da espiritualidade cristã. Dela e por ela se chega a muitas virtudes. Dá-se, então, este paradoxo: o santo é pobre por ambição! O despojamento é, no fundo, o meio seguro para se atingir as mais autênticas virtudes, que por sua vez, são garantia da conquista eterna e definitiva dos valores imperecíveis da eternidade, prometidos por Cristo Nosso Senhor. Por isso, São Francisco queria seus frades pobres de bens, mas ricos de virtudes, como Frei Galvão o foi deveras. Escrevia o Poverello na sua Regra: "Esta é aquela sumidade da mais elevada pobreza que a vós, meus caríssimos irmãos, instituiu herdeiros e príncipes do reino dos céus e, fazendo-vos pobres de bens, vos cumulou de virtudes"[9].

... PORQUE DELES É O REINO DOS CÉUS!

3. Bem-aventurados os mansos...

São Francisco: "Aconselho e admoesto e exorto a meus irmãos em Nosso Senhor Jesus Cristo que, ao irem pelo mundo, não discutam, nem porfiem com palavras (2Tm 2,14), nem façam juízo de outrem, mas sejam mansos, pacíficos, modestos, afáveis e humildes, tratando a todos honestamente, como convém".

"E onde quer que estiverem e se encontrarem os irmãos, mostrem-se afáveis entre si. E com confiança, manifeste um ao outro as suas necessidades, porque, se uma mãe ama e nutre seu filho carnal (1Ts 2,7), com quanto maior diligência não deve cada um amar e nutrir a seu irmão espiritual? E, se alguns deles cair doente, os outros irmãos o devem servir, como gostariam de ser servidos" (Mt 7,12).

"Os ministros, porém, caridosa e benignamente os (faltosos) recebam e tratem com tanta familiaridade, que os irmãos possam falar e haver-se com eles como senhores para com seus servos, pois assim deve ser, que os ministros sejam servos de todos os irmãos."[10]

---

[9] *Escritos*, p. 135, cap. 6.
[10] *Escritos*, p. 134; 136; 138.

O espírito do mundo menospreza os mansos. O espírito de Cristo os beatifica.

Há os mansos por temperamento, há os mansos por virtude, por força de muita disciplina, os mansos das bem-aventuranças.

Tudo indica que o nosso Frei Galvão era naturalmente manso. Nem por isso desleixou a disciplina da mansidão evangélica.

Os mansos vivem interiormente desarmados, abertos para tudo e para todos, em geral, irradiando simpatia, isto é, a capacidade de atrair, de sentir com o outro e como o outro, de fácil acolhimento.

Ninguém mais sensível aos verdadeiramente mansos do que as criancinhas. Frei Antônio de Sant'Anna, filho de família numerosa, era dos mais velhos. Com isso, herdou segurança interior na convivência com os homens, com o mundo, e natural atração pelas crianças.

Uma escrava chamada Lucrécia testemunha que costumava ficar com as crianças de sua Senhora enquanto a mesma orava na Igreja. Frei Galvão aproveitava, aproximando-se da petizada para brincar e falar-lhes do Pai e da Mãe do céu.

Noutra ocasião, o bom frade viu crianças comendo com grande desleixo, deixando cair abundantes restos e migalhas. Achegou-se mansamente, recolheu as sobras e as comprimiu, fechando as mãos. Teria brotado sangue vivo... Com palavras claras e incisivas o Servo de Deus fala sobre o valor dos dons de Deus e o respeito que nós devemos a eles e por eles ao Pai! (MS-189).

Dona Maria Antônia de Jesus das Chagas Silva levou uma menina para falar com Frei Galvão. No caminho, preparou-lhe a mente, aconselhando que se portasse bem, porque o Frei adivinhava quando as crianças não eram boas. No decorrer da conversa, o Santo Homem perguntou à menina sobre o que desejava ser. E o "segredo" precioso vem à tona: queria ser freira naquele Convento. Frei Antônio a abençoa com carinho e profeticamente lhe confirma a vocação. Com efeito, aos dezenove anos, depois da morte do querido Fundador, ela ingressou naquele Convento e perseverou santamente. Sempre considerou das maiores graças o momento em que o Frei Galvão lhe impusera as veneráveis mãos sobre a cabeça! (MS-190).

Caso mais significativo se deu com a sobrinha Ritinha. Aos seus nove anos, o pai a apresentou ao Santo Tio, com um pedido talvez inédito: a garotinha queria ficar no Mosteiro! Frei Galvão a envolve com carinho e lembra-lhe que não poderia mais brincar com as outras crianças; teria de trabalhar e, enfim, acompanhar a vida das Irmãs. Em vista da insistência e segurança da sobrinha, o tio, talvez iluminado interiormente, cede. Rita tornou-se o encanto da Casa e dos trabalhadores e escravos, aos quais soube prestar pequenos serviços, como levar-lhes água em copo e outros. Com prudência e sabedoria, mas plena confiança na menina, o Mestre moderava as coisas com justas exceções nas horas certas, revelando perspicácia e natural senso pedagógico.

Contam as Irmãs que, quando Frei Antônio ensinava a elas elementos da língua latina bem como a recitação e mesmo canto do Ofício Divino, combinavam com a boa menina: ela simulava os erros que as Irmãs faziam e o Tio a corrigia, corrigindo assim as Irmãs, delicadamente, mansamente. Mansidão com a criança, mansidão com as Irmãs. Ritinha também perseverou, morrendo santamente, com mais de 80 anos! (MS-91).

Pelos exemplos dados, há muito que admirar e considerar sobre a mansidão de Frei Antônio de Sant'Anna Galvão. Uma coisa ficou evidente: ele está sempre atento em colocar seus dotes a serviço do Reino!

Concordamos com Maristella: a energia, o vigor, a solidez nos gestos, nas atitudes, foi o traço dominante da personalidade do Servo de Deus, um paulista autêntico. Todavia, por formação, por disciplina evangélica, era um homem manso, suave (MS-173). Esta combinação de força e suavidade deve ter influído favoravelmente no relacionamento do Frade Construtor com os oficiais e sobretudo os escravos que trabalhavam nas obras. Não era nada fácil disciplinar aquele pessoal. Maristella nos informa como foi água abaixo a construção da Igreja do Rosário, mediante a qual o capitão-mor de Sorocaba tentou mobilizar e unir a gente negra (MS-183).

Frei Antônio teve que lidar com várias dezenas de escravos e escravas, ativos na construção, na lavoura, no serviço caseiro mais pesado. A lei maior a vigorar no relacionamento com eles era a do respeito caridoso. Uma Religiosa nos deixou este testemunho: "Recomenda-nos muito que nunca digamos palavras injustas aos escravos, que mais podem os pais injuriar a seus filhos que os senhores a seus escravos, porque são nossos irmãos, que por altos juízos de Deus são cativos e nossos escravos".

Por aí se vê que nosso Franciscano em si, não entendia a escravatura. Como compor a dignidade de irmãos com a condição de escravos? Por isso exigia respeito. E foi respeitado. E até querido. Sabe-se que depois da abolição, em 1888, vários escravos permaneceram ao lado das Irmãs de Frei Galvão (MS-103).

Novamente se comprova a grande, profunda, operativa disciplina evangélica de Frei Galvão.

A mansidão externa de nosso Santo Frade muito se devia a sua disciplina de jamais julgar o próximo. Insistia muito neste ponto de capital importância para o bom relacionamento humano, recomendando que sempre se procurasse descobrir o lado bom das coisas e das pessoas. Lembra o grande motivo do Sermão da Montanha: "Sede perfeitos como o Pai do céu, que dá chuva e dá sol a bons e a *maus*" (MS-133).

Duríssima prova para o Fundador foi cumprir a ordem de fechar e abandonar o Conventinho. No entanto, que grandeza, que disciplina! Não acusa a ninguém, não se queixa de ninguém, sereno, manso, obediente! Noutra ocasião foi expulso da Cidade por um Governante iníquo. Também naquela ocasião, a mesma serenidade, nenhuma acusação, nenhum queixume... Somente a imitação do Cristo silencioso quando injustamente acusado o explica! Mansidão evangélica!

Na sua última enfermidade, revela docilidade na aceitação das limitações que pouco a pouco "o levaram para onde não queria!" Assim como viveu soube morrer com dignidade e grandeza de alma (MS-182).

Desta forma breve e sucinta, fica demonstrado como Frei Galvão abraçou convicto a sua condição de "frade menor", servindo docemente os pequeninos e desprezados. Foi assim que conquistou a terra dos vivos e mereceu a Pátria definitiva...

... PORQUE POSSUIRÃO A TERRA!

4. Bem-aventurados os que choram...

São Francisco: São Francisco cegou de tanto chorar... Chorou porque o amor não é amado! Chorou a frieza e ingratidão dos homens indiferentes ao lado aberto de Cristo! Choro de reparação! Choro de intercessão pelos pecadores! Choro de compunção pelos próprios pecados! Este choro está na Regra Franciscana, que é eminentemente de *penitentes* que fazem o máximo para se converterem a Cristo e levar os outros a chorar com eles.

O espírito do mundo se ri dos que choram pelos pecados... O espírito de Cristo os beatifica e consola.

Certamente não se trata de um choro qualquer. Estamos diante do choro de Cristo sobre Jerusalém (Lc 19,41-44); do choro da mulher penitente que lavou com lágrimas os pés do Senhor (Lc 7,35-50); do choro de Pedro ao surpreender-se como traidor do Mestre (Lc 22,62); do choro daquele que "nos dias da sua carne, oferecendo com grande brabo e com lágrimas, preces e súplicas àquele que o podia salvar da morte... aprendeu a obediência pelas coisas que sofreu e, consumado, tornou-se a causa da salvação eterna para todos que lhe obedecem" (Hb 5,7-10).

É, pois, este o "ambiente" do choro das bem-aventuranças. Será que Frei Galvão vivia em tal atmosfera de Redenção?

Já nos referimos ao seu amor e carinho para com o Crucificado e a Via-Sacra, atitude bem franciscana. Tentemos penetrar um pouco mais no coração daquele "homem religiosíssimo", como foi chamado. Ele mesmo nos conduzirá mediante a sua *Cédula de Escravidão* a Maria Imaculada, a sem pecado, cujo texto integral se encontra no final do livro (p. 150).

Frei Antônio de Sant'Anna Galvão viveu na época dos reis, rainhas, lá nas alturas, e de escravos, nas mais vis condições. Como filho de um participante capitão-mor de importante cidade entre o Rio de Janeiro e São Paulo, as "coisas" do Reino o envolviam desde o berço, juntamente com o diuturno contato com escravos e escravas. Terá mesmo amado a um que outro dos servidores da família.

Feito frade menor, por escolha livre e responsável, recriou o ambiente da sua existência no plano das grandes batalhas do espírito: o Rei, Jesus Cristo; a Rainha, Maria, a Mãe Imaculada, sem pecado; o escravo? Ele mesmo, frade menor, optando pela mais vil condição, mas com uma grande diferença: livremente, com a liberdade gerada pela Verdade e pelo Amor. A verdade lhe revelou a própria miséria e fragilidade; o Amor crucificado, o valor incomparável da Redenção, infinitamente acima de qualquer valor efêmero e passageiro. Para conquistá-lo e honrar seu Rei, ciente de sua fraqueza, contaria com a materna mediação de Maria Imaculada, como outrora, na infância, se apoiara na santa mãe Isabel. Para honrar tal Mãe, se faria seu "escravo" e servidor atento e inseparável.

Daí, cremos, nasceu a *Cédula de Escravidão*, verdadeiro testamento espiritual. E nasceu aos pés da Cruz, o Trono da Redenção. Pelo fim da *Cédula* ele o declarou: "... peço pela paixão, morte e chagas de Vosso Filho Santíssimo" — dirigindo-se a Maria. Assim o Servo de Deus se revela altamente sensível ao fato de ter sido salvo pelos sofrimentos e pelo sangue do Filho de Deus. Preço altíssimo! Merece resposta generosíssima, heróica: sangue sobre sangue, em forma de aliança sacratíssima, irrevogável! Trata-se de não pecar jamais, ser imaculado! Daí assinar com o sangue do seu peito a *Cédula Irrevogável de filial entrega a Maria Santíssima minha Senhora, digna Mãe e Advogada*. Lembra o sangue do lado aberto do Senhor, a mais preciosa das chagas.

O compromisso é altamente desafiador. O sangue bandeirante nas veias de Frei Galvão adorava desafios. Mas ele era suficientemente realista e prudente para não se aventurar sozinho. Daí a estratégia (é batalha contra o "pai de mentira!"): seria escravo da Rainha para melhor se aproximar do Rei e servi-lo.

O realismo de Frei Antônio, seu amor à verdade, o levou à descoberta de sua pequenez, de sua vileza. É bem possível não tivesse jamais cometido pecado mortal, por causa da formação que recebera em casa e dos jesuítas, na sua juventude. Quando falamos em vileza, nos referimos àquele clamor pelo pecado, que São Paulo denuncia como "lei da carne", que leva o cristão frequentemente a cometer o mal que não quer (Rm 7). Frei Galvão denuncia esta força negativa dentro dele: "... sinto a lei repugnante, contrária a do espírito, que me retarda e embaraça". É por causa das sugestões "repugnantes" desta lei, consequência do pecado original, que Frei Antônio se apresenta à Imaculada como "vilíssima criatura", "vil servo" e escravo "indigno". No entanto, como ele deseja ardentemente caminhar veloz para a perfeição "como a do Pai celeste", e aquela lei má o "retarda", "embaraça"!

79

É a batalha duríssima dos resgatados, que choram em vista do Amor Crucificado; choram em vista da "lei" que os embaraça; choram pelo desejo de corresponder dignamente; choram, clamando por auxílio. "... que o inimigo não alcance vitória nesta batalha..." — suplica o escravo da Imaculada. Socorro "quando eu tardar em resistir as tentações, o que não desejo fazê-lo de vontade, porém, cairei de fraqueza..." — porque sou fraco.

O que receia o Servo de Maria, diante da possibilidade de pecar? "Receio, diz ele, ficar desamparado, fora do número de vossos servos" — "antes me tireis a vida, que ofender o Vosso Bendito Filho meu Senhor". Mas, como o que ele quer mesmo é viver a plenitude da Redenção, chora, implorando: "mas antes alcanceis perdão de minhas culpas, reduzindo-me à vida perfeita até a morte, para que nesta glória vos louve e dê graças eternamente..."

Ciente de que esta glória é boa também para outros e que, reparando por outros e colaborando na salvação de outros aumenta a glória do Rei e a alegria da Rainha, mergulhando no mistério da Comunhão dos Santos, compromete-se: eu "vos ofereço desde agora todos os meus pensamentos, palavras e obras e tudo mais meritório que fizer (quanto sacrifício e heroísmo na vida dele!) e indulgências que ganhar, para que apresenteis junto com os vossos merecimentos a Vosso filho Santíssimo, dispondo de todos eles conforme for vossa vontade e se for de vosso agrado que seja em sufrágio pelas almas..." Bem sabia o Santo Religioso que tudo isso só era possível "pela paixão, morte e chagas de Vosso Filho Santíssimo". Maria, exatamente no seu lugar de corredentora, de Mãe medianeira! O "escravo" é uma criatura abandonada nas mãos da Mãe! O sangue do peito é choro, é grito de socorro, suplicando não trair a aliança batismal, selada pelo sangue de Cristo!

A intimidade com a Rainha Imaculada e sobretudo com seu Divino Filho, principalmente no mistério eucarístico, era para Frei Galvão fonte abundante de conforto e consolação...

... PORQUE SERÃO CONSOLADOS!

5. Bem-aventurados os que têm fome e sede de justiça...

São Francisco: "Atribuamos ao Senhor Deus Altíssimo todos os bens; reconheçamos que todos os bens lhe pertencem: demos-lhe graças por tudo, pois dele procedem todos os bens. E Ele, o Altíssimo e Soberano, o único e verdadeiro Deus, os possua como sua propriedade. E a Ele se deem, e Ele receba toda honra e reverência, todo louvor e exaltação, toda ação de graças e toda glória, Ele a quem pertence todo bem, e que 'só Ele é bom'" (Lc 18,19)[11].

O espírito do mundo se gloria nas injustiças... O espírito de Cristo beatifica os que amam e praticam a justiça!

Ensina o Senhor: "Buscai antes de tudo o Reino do céu e a sua justiça e todas estas coisas vos serão dadas por acréscimo" (Mt 6,33). Trata-se, pois, de nós, criaturas, fazermos justiça ao Criador, reconhecendo-o como Criador, Pai, adorando-o, dispondo-nos a fazer a sua vontade, soberana, amando-o sobre todas as coisas, com todos os valores do nosso ser, e assim amar os homens e as coisas como Ele ama: irradiar o seu amor, a sua justiça.

Ligado a uma *Regra e Vida*, como frade menor, escravo de Maria, Frei Galvão jamais deixaria de buscar a justiça evangélica em primeiríssimo lugar. E ele o fazia mediante o exemplo da Imaculada, imitando-a na sua entrega total a Deus e seu Reino. Eis o que se lê na impressionante *Cédula da Escravidão*: "Nas vossas piedosíssimas mãos entrego meu corpo, alma e coração, entendimento, vontade e todos os demais sentidos, porque de hoje em diante corro por vossa conta e todo sou vosso; em meu coração arda sempre o fogo de vossa piedade e acenda-se para desejar o mais *justo*, o mais puro, a mais perfeita das virtudes, e aceito aos vossos olhos..." (p. 150). Uma tal intimidade com

---

[11] *Escritos*, p. 155.

Maria, um tal realismo neste relacionamento... Somente da parte de alguém que pela oração, pela contemplação diuturna, já vivia de há muito tão unido às coisas celestes. É tão cândido, que chega a ser infantil, evangelicamente infantil!

Bem, isso pensava, escrevia e assinava com seu sangue o humilde Frei Antônio de Sant'Anna Galvão. Será que vivia assim? Pois ninguém é bom testemunho de si mesmo. O que diziam então os contemporâneos? As Irmãs seriam suspeitas, por causa de sua grande admiração para com o Pai e Irmão de cada hora.

Frei Sant'Anna Galvão trabalhava em íntima união com seu Bispo, também franciscano, Dom Frei Manuel da Ressurreição. Que pensava o próprio Bispo a respeito de seu confrade e colaborador? Temos por escrito seu altíssimo juízo, emitido numa circunstância que exigia dele a máxima objetividade, como ainda veremos. Qual o seu juízo? Escreve: "... deste Padre, que logo que entrou na religião até o presente dia, tem tido um procedimento *exemplaríssimo* (grifo nosso), pela qual razão o aclamam santo" (MS-123). Isso em 1781, quando Frei Galvão já tinha seus vinte anos de "entrada na Religião", ou seja, de vida franciscana. E o Bispo entendia de vida franciscana!

Em 1798, o sucessor de Dom Manuel volta a testemunhar sobre o nosso Frei Antônio: "... pelas suas virtudes exemplares e zelo me sossegava sobre o governo daquelas senhoras" (as Irmãs), cujo Recolhimento (é) como a âncora que sustenta São Paulo e todo o Bispado".

E que achavam os confrades, sempre mais críticos, do celebrado franciscano? Temos testemunho escrito de 1803-1805, no *Registro dos Religiosos Brasilienses*, transcrito por Sor Myriam: "... em nada tem diminuído os créditos, devidos a sua virtude, antes cada vez mais tem merecido a admiração e o respeito dos povos, que olham para ele como um varão Apostólico, ornado de todas as virtudes, e o conceito que dele formam é, sem dúvida, de um Santo. O seu nome é em São Paulo, mais do que em outro lugar qualquer, ouvido com grande confiança, e não uma só vez, de lugares remotos, muitas pessoas o vinham procurar nas suas necessidades. *Assim se conservou até os* últimos anos de sua vida..." (grifo nosso) (SM-227).

Cada palavra deste precioso documento merece ser pesada!

Por este testemunho, digamos oficioso, dos seus confrades, ficamos cientes de que a santidade e a ação de Frei Galvão não se continham entre os muros dos conventos: extravasavam em favor dos "povos" e atraíam consideravelmente "os povos", os mais remotos, sobretudo de São Paulo, como só acontecer com os grandes taumaturgos.

E "os povos", o que atestam sobre o irmão menor Frei Galvão? De novo podemos lançar mão de um documento autêntico da mais elevada significação, qual seja a solene e longa *Carta da Câmara de São Paulo*, pedindo a permanência do frade na Cidade: "... certificando a V. Revma. que todos os moradores desta cidade não poderão suportar um só momento a ausência do dito religioso quando concorrer ao Capítulo no fim do seu Governo. Este homem tão necessário às Religiosas da Luz, é preciosíssimo a toda esta Cidade, e villas da Capitania de São Paulo; é homem Religiosíssimo, e de prudente conselho; todos acodem a pedir-lho; é o homem da paz, e caridade, todos buscam a sua virtude. E como é uma virtude examinada e provada no longo espaço de muitos annos cuidam — e com razão — estes Povos, que por Elle lhes desçam as Bençãos do Ceu, e todos a uma voz rogam, e pedem, que não lho tirem. Nestes termos vamos rogar a V. Revma. com as mais incessantes súplicas, se digne conceder-nos a especial graça de ser conservado aqui este exemplar Religioso..." (SM-231, ver íntegra à p. 153).

Que mistério esse, da personalidade de Frei Galvão, que mesmo num momento de crise, para não dizer de guerra, entre Igreja e Estado, arranca tais testemunhos e súplicas tão humildes, sinceras, insistentes, da parte de uma Câmara como a de

São Paulo?! Encontramos somente uma resposta: a santidade, a vida evangélica do tão querido Franciscano!

Se o modelo de santidade, de justiça evangélica de Frei Galvão fosse apenas o nível contemplativo, não teria atraído "os povos" como atraiu. Como bom filho de Francisco de Assis, Frei Antônio equilibrava contemplação e ação. Sabia ser reflexo da justiça de Deus em favor dos pequeninos, como "homem do prudente conselho", "da paz e da caridade". Vejamos um caso, talvez não dos mais típicos, mas dos que mais repercutiram na opinião pública:

Retornemos a 1780. Governa São Paulo o Capitão-General Martim Lopes, o mesmo que expulsara as Freirinhas do novel Conventinho da Luz. Aconteceu que o filho do Capitão e o soldado Caetano José da Costa, Caetaninho, ambos em estado de embriaguez, brigaram. Esbofeteado, Caetaninho feriu de leve o filho do "Grande Senhor". Este, por sua vez, num evidente abuso de autoridade, condenou o soldado à morte de forca. Houve uma reação generalizada contra o gesto do tirano. O Servo de Deus também tomou posição clara e pública, defendendo Caetaninho. Não adiantou: o pobre soldado foi à forca. E o prepotente Capitão descarregou seu ódio contra Autoridades civis e religiosas que o contestavam expulsando Frei Galvão e um Beneditino, no prazo de 24 horas!

À tardezinha, Frei Antônio recebe a ordem iníqua. Obediente, pobre interiormente e externamente, livre, parte imediatamente em direção ao Rio.

Antes de atingir o querido Mosteiro, entra numa residência amiga, e escreve às Irmãs a Carta, que naquelas circunstâncias, pelo seu teor, só poderia brotar de um coração já mergulhado e ancorado na justiça de Deus, sem julgamentos pessoais, sem condenações, sem reivindicar direitos, sem dramatizar, sem ameaçar... quase suave, não fosse o trágico momento! — Somente um Santo já consumado! (Ver íntegra da Carta à p. 152).

A notícia correu a Cidade feito um raio fulminante: — Frei Galvão foi-se embora! Em pouco tempo, a população em peso, plenamente representada, cercou ameaçadoramente o Palácio do Governador, que outra saída não teve a não ser revogar a sentença de expulsão.

Na manhã seguinte, as boas Irmãs de toda São Paulo já podiam de novo alegrar-se com a segura presença do seu "Padre Santo".

Logo depois, em 1781, o tirano foi deposto: justiça dos homens (MS-117).

Frei Galvão, as Irmãs, toda São Paulo se saciavam da alegria dos filhos de Deus!...

... PORQUE SERÃO SACIADOS!

6. Bem-aventurados os misericordiosos...

São Francisco: "O Senhor nosso Deus, que nos deu e nos dá a todos nós todo o nosso corpo, toda a nossa alma e toda a nossa vida, que nos criou e nos remiu e só por sua misericórdia nos salvará, que a nós, miseráveis e pobres, pútridos e asquerosos, ingratos e maus, nos cumulou e nos cumula de todos os bens"[12].

Ao espírito orgulhoso do mundo repugna abrir-se à misericórdia, porque não consegue se reconhecer mísero. Cristo beatifica os que a recebem e são misericordiosos.

São Francisco nos coloca bem no coração do problema: trata-se de receber e dar. Humildemente, cientes da nossa miserabilidade, acolher a misericórdia de Deus e não regateá-la aos irmãos. E não apenas os bens espirituais da Redenção, mas também os dons da criação. O Apóstolo Paulo, na Epístola aos Romanos, nos demonstra como a justiça de Deus, mediante a Redenção pela morte de Cristo na Cruz, se tornou misericórdia!

---

[12] *Escritos*, p. 162.

Pela análise da *Cédula da Escravidão* à Imaculada, Frei Galvão deixa clara a sua condição de acolhedor humilde da misericórdia de Deus e semeador generosos dos dons recebidos. Vejamos outros exemplos:

Existe na Ordem Franciscana uma função delicadíssima, que os Superiores Maiores confiam somente a confrades de comprovadas virtudes e plena maturidade: a função de Visitador. Geralmente, antes de cada Capítulo (Assembleia Geral dos frades) de uma região ou em casos especiais, o Ministro Geral nomeia um confrade que, em seu nome, visita cada Irmão, buscando resolver, no espírito de Cristo, os problemas pessoais e comunitários bem como preparar e presidir as eleições entre os frades. São Francisco recomenda vivamente aos Visitadores que tenham misericórdia para com os faltosos!

Ora, em 1808, Frei Galvão foi nomeado Visitador (SM-226). Mas já carregava o peso de muitos e duros anos de trabalhos. Teria que fazer grandes viagens a pé. Em outros tempos, sem dúvida obedeceria com simplicidade e revelaria seu coração rico de misericórdia. Prudente e realista, renunciou humildemente. Mas tal nomeação não surgira do nada: além de formador do "viveiro de santas", como era conhecido o Mosteiro da Luz, tinha sido escolhido para Mestre de noviços da Província e por dois períodos exercera o cargo também delicadíssimo, de Guardião do Convento de São Francisco-São Paulo. Além disso, fora Visitador em outros níveis (MS-181).

No *Estatuto* que deu às Irmãs, trata longamente de como corrigir as monjas: a misericórdia acaba prevalecendo sobre a severidade[13].

Seu fecundo sacerdócio foi um serviço perene e heroico dos dons da Redenção. A Eucaristia, memorial da paixão,

---

[13] *Escritos Espirituais*, Frei Antônio de Sant'Anna Galvão, § 12, p. 20-22.

morte e ressurreição do Senhor, era seu fascínio especial, bem como toda a liturgia que a cerca (MS-156). O anúncio vibrante da Redenção lhe deu aquele ímpeto bandeirante que fez dele, merecidamente, o intrépido "Apóstolo da Capitania de São Paulo", cujas cidades por ele visitadas a pé, já citamos.

Conselheiro emérito e confessor, atraía "os povos" que ele purificava no perdão de Cristo e reanimava com a palavra viva e recriadora de Deus. E vivia atento a toda sorte de misérias do seu povo (MS-139).

... Quando seus devotos não podiam vir a ele, Frei Galvão, na sua imensa misericórdia, é que dava um jeito de achegar-se deles. Uma documentação historicamente saudável, nos refere vários casos de bilocação do Servo de Deus. Em todos eles, o móvel preponderante e principal da bilocação foi a misericórdia! Mesmo que Frei Antônio de Sant'Anna gozasse de tal privilégio como dom natural, deduzindo-se dos dados existentes, ele jamais se utilizava da bilocação em interesse próprio, mas sempre a colocou a serviço da Redenção, dos dons da misericórdia divina.

Por todo este empenho de sua longa existência sacerdotal, o Senhor, sem dúvida, o terá atraído para o abraço eterno das suas misericórdias infinitas!...

... PORQUE ALCANÇARÃO MISERICÓRDIA!

7. Bem-aventurados os puros de coração...

São Francisco: Irmãos "na santa caridade que é Deus, ... removam os cuidados e as solicitudes, para, com o melhor de suas forças, servir, amar, adorar e louvar, de coração reto e mente pura, o Senhor nosso Deus, pois é isso que Ele deseja sem medida"[14].

---

[14] *Escritos*, p. 159; 80.

"Somos mães (de Cristo) quando o levamos em nosso coração e nosso corpo; por virtude do amor divino e de uma pura e sincera consciência, nós o geramos por uma vida santa, que deve brilhar como exemplo para os outros."[15]

O espírito do mundo reduz ao ridículo os puros de coração... o espírito de Cristo os beatifica.

Ser puro de coração, no espírito das bem-aventuranças, é ser homem segundo Deus, é refletir de modo humano o modo divino de ser, e ser transparência do Criador. Por isso é uma virtude ricamente dinâmica, como a vê São Francisco: é a capacidade de renunciar ao transitório das criaturas e aderir ao definitivo do Criador e, na posse dele, adorá-lo, amá-lo, servi-lo, louvá-lo pela oração e contemplação; e refletindo a Deus pelo exemplo de vida, gerar e formar no outro a vida de Cristo, a modo de Maria, a modo da Igreja, também virgem e mãe.

Ora, em resumo, na sua *Cédula da Escravidão*, Frei Antônio de Sant'Anna Galvão professa exatamente isso: amar a Deus sobre todas as coisas, buscar a perfeição, sem pecado, de um modo puro, imaculado. De novo estamos diante do aspecto imaculista (concepcionista) da espiritualidade do Santo Franciscano.

Seria repetição lembrar que a atitude básica de Frei Galvão ao abraçar a *Regra* franciscana foi corajoso ato de amor a Deus sobre todas as coisas, um amor que acabou se derramando em tudo o que Frei Antônio amou, fez, viveu, celebrou, num crescente espírito de oração e contemplação. Por isso ele atraía tanto e tantos com a força e o magnetismo de Deus!

Foi esta misteriosa e fecunda força de Deus que fez dele o Pai (a mãe) daquele bendito "viveiro de santas". Um Pai de estirpe nobre e vigorosa, cuja primeira geração resistiu honrosamente ao golpe traidor do tiranete de São Paulo.

---

[15] Idem.

Estas conquistas não surgiam do acaso. Era fruto de uma dedicação de alguém que não apenas gerou, mas também se entregou de corpo e alma à delicada e exigente missão de educar, de formar para a vida em comum, para a vida fraterna; formar para o trabalho comunitário; formar para a obediência segundo Cristo; formar para a autêntica "pureza"; formar para a pobreza evangélica; formar para a doutrina da Igreja; formar para a vida litúrgica da Igreja; formar para a oração, para a meditação, a contemplação; formar para amar o mundo, sem ser do mundo... Se ele não fosse exemplar e de fato competente nestas disciplinas, jamais o Mosteiro seria, tão precocemente, um "viveiro de santas", a "Âncora" do Bispado e da Cidade (MS-94; 154).

Como Pai, Frei Galvão deu humanamente o melhor de si para que suas Filhas tivessem seu Mosteiro bem construído e não precisassem se preocupar tanto com o que comer e o que vestir, para mais intensamente se dedicarem à oração.

Era grande a atração que a sua pessoa e a sua palavra exerciam sobre "os povos" do interior. Quem visitar São Luiz do Paraitinga, poderá ver uma vetusta mesinha já corroída, sobre a qual Frei Galvão, embora alto, trepou, para poder falar ao povaréu que queria ouvi-lo, e bem. Há quem identifique na mesa o sinal de um dos pés de Frei Galvão. Hoje, esta relíquia se encontra sob a guarda do Museu Frei Galvão, em Guaratinguetá-SP.

Quantas conversões, gerando de novo a vida de Cristo nos corações! Só Deus o sabe! Mas citemos um caso típico:

Um cavaleiro que passava alta madrugada por São Paulo "viu a Frei Galvão sentado à soleira de entrada de uma casa... Ofereceu-lhe o cavalo, propondo-se a acompanhá-lo até o Recolhimento, fazendo-lhe ver que ele se arriscava a adoecer, imobilizado, como estava, sob tão áspera temperatura e sob garoa. Agradeceu Frei Galvão... Não insistiu o cavaleiro e seguiu

Convento de Santo Antônio – Rio de Janeiro

viagem. Dela voltando, soube do fato que impressionara muito a cidade, e fê-lo estremecer. Fora, pela manhã alta, encontrado morto em sua própria casa, um homem rico que vivia solitário, era avarento e praticava a agiotagem. Exatamente o morador do prédio a cuja soleira vira o cavaleiro sentado, Frei Galvão. Pelo exame procedido no cadáver do agiota, verificou-se que deveria ter falecido muitas horas antes, de uma angina pectoris ou acidente cardíaco qualquer".

Assim relata Maristella, com mui cuidadosa pesquisa sobre a origem de tal tradição oral, referindo-a nada mais nada menos que ao valioso testemunho do Dr. Afonso d'Escragnolle Taunay (MS-149).

Analisemos: trata-se de um homem tristemente notório, pecador, público, alvo do desprezo, do ódio dos cidadãos comuns. Frei Galvão, porém, o amou com o amor do Pai Celeste, que dá chuva e sol a bons e maus e nos oferece o Filho único como vítima dos nossos pecados, que por sua vez nos ensinou a amar os inimigos! Enquanto o desprezava o comum dos homens, Frei Antônio o amava em Cristo, com pureza divina! Orava e se sacrificava por ele. Percebeu sua última hora... fez o que pôde para estar presente. Quem sabe, entre gemidos e súplicas, não terá resgatado aquele pobrezinho do poder das trevas? Não terá conseguido para ele um momento de luz e de graça?... E se por causa deste pecador, tanto sofreu o coração puro do bom Franciscano, como não sofreria por tantos e tantos outros que amava profundamente através do mistério da Cruz?

Para arrematar este estudo, o depoimento da escrava Lucrécia Cananeia de Deus, testemunha ocular:

"Pelo fim de sua santa vida, com licença dos Superiores, residia (Frei Galvão) no Convento da Luz. Pela manhãzinha, aproximando-se a hora da Missa, saía à porta da Igreja para tanger o sino que ali havia, por não estar a torre ainda construída".

"Certo dia, estava a cumprir este piedoso mister, quando foi visto por dois estudantes que vinham a alguma distância e, portanto, não poderiam ser ouvidos pelo Servo de Deus. Disseram, então, em ar de galhofa: Olha lá o maganão à espera das fiéis. E rindo, foram-se aproximando até se defrontarem com Frei Galvão."

"Este, então, os chamou e disse-lhes: — Façam o favor de ver o que tenho nos olhos."

"Puseram-se os rapazes a examinar os olhos do santo frade, mas nada encontraram, nem um cisco, nem um argueiro, e disseram-lhe: Não há nada, Sr. Padre, está limpo!"

"Ao que respondeu Frei Galvão com séria gravidade e calcando bem as palavras: — Pois assim está limpo meu coração a respeito do que vocês vinham falando."

"Ficaram os dois estudantes estupefatos, vendo que o Servo de Deus tivera conhecimento por via extraordinária, do que, naturalmente, não poderia ter ouvido. Cheios de confusão, arrependidos, ajoelham-se pedindo-lhe perdão e a bênção" (MS-165).

Assim a pureza do Servo de Deus: caminhava na presença do seu Senhor na transparência da fé e refletia abundantemente as suas graças!...

... PORQUE VERÃO A DEUS!...

8. Bem-aventurados os pacíficos...

São Francisco: ele foi profeticamente anunciado como alguém que trazia "Paz e Bem!" Ele saudava desejando a Paz evangélica. Ele pacificou a muitos e muitos, em Cristo Jesus. Ele condenava a omissão dos cristãos que não se empenham em pacificar os Irmãos. Ele muito recomenda a Paz na sua Regra: "Anunciai a paz aos homens e a penitência para o perdão dos pecados". A fonte desta Paz era o mistério da Redenção, da Reconciliação, celebrado na Eucaristia. Morre celebrando uma paraliturgia eucarística para deixar aos Irmãos um sinal do íntimo do seu querer de Pai: que vivessem unidos, em paz, para assim converterem a muitos para a Paz de Cristo!

O espírito no mundo desconhece a paz, é belicoso e fratricida como o de Caim... o espírito de Cristo a beatifica e promove.

Foi somente depois da morte pacificadora que Cristo comunicou à Igreja o Espírito da Paz, e lhe confiou o sacramento da Reconciliação (Jo 20,19-23).

O sangue com que Frei Galvão selou sua *Cédula de Escravidão* significa também a consciência que ele cultivava do valor infinito do Sangue do Filho de Deus e da Mãe Imaculada, pela sua reconciliação e pacificação com o Pai e as criaturas. Sua decisão de viver "imaculado" representa seu abraço indissolúvel com a Paz que Deus lhe oferecia e que ele, "servo vilíssimo", procurava oferecer ao próximo. Foi tal seu empenho neste ministério, que mereceu o título de "Homem da Paz" (MS-139).

Vejamos um caso típico: Itu vivia sob a tensão de duas famílias que se odiavam mortalmente. Frei Antônio para lá se dirigiu, no intuito de tentar reconciliá-las. No entanto, por mais que argumentasse, em seu sermão público, para levá-los a cumprir o difícil dever cristão de caridade, nada conseguia. Então, mudando de táticas, declarou que seus pecados eram a causa da ineficiência das suas palavras, e passou a flagelar-se publicamente... Assim arrancou a graça do Alto: operou-se a paz, a reconciliação (MS-98-99).

Que mais admirar? O zelo em reconciliar? A coragem de tentá-lo? A humildade? A sabedoria de reconhecer que a graça vem do Alto? E mais se realce que tais gestos, tais atitudes, eram uma constante na vida daquele pobre Frade Menor transfigurado pelas bem-aventuranças.

Esta transfiguração, por sua vez, era fruto de uma escola de virtudes. Nos aconselhamentos, muito se preocupava com a paz e se esforçava para dar conselhos práticos para construí-la e mantê-la. Testemunha Maristella: "Em suas pregações e ensinamentos às Irmãs, inculcava-lhes o mais possível o amor à paz, verberando os vícios contrários: a murmuração, as queixas, as impaciências etc.".

Com encantadora simplicidade de linguagem dava este conselho as suas filhas espirituais: "Quando alguma de vós estiver se queixando e desabafando com outra, nunca seja ajudada e só se diga: Irmã, tenha paciência. E isto mesmo não se faça algumas vezes; e se a queixosa não estiver capaz de se acomodar, então se cale a que ouve, nunca aumentando as queixas por princípio algum". Não à murmuração, sim ao silêncio, tática eficiente para construir a paz![16]

"Conselho de ouro! Se fosse bem praticado por toda a gente, quantas discórdias se evitariam! Quanta paz e felicidade, no lugar dos dissabores, desgostos, rixas e inimizades" (MS-140).

Outro poderoso instrumento da paz do Mestre franciscano era o mandamento do Senhor de "não julgar". Dizia a respeito: "Que nunca se julgue a criatura alguma, porque o julgar é reservado só a Deus; e se se vir alguma coisa que não pareça boa que tudo bote à parte, nunca julgando mal de ninguém; se a ação não parecer boa, que não a façamos, mas, nunca julgando mal, porque só Deus é o verdadeiro juiz e só a Ele toca julgar o próximo. É virtude esta muito recomendada por Sr. Padre, que nunca, nunca julguemos ninguém" (MS-133).

Quanto ao não julgar, nos momentos de maior provocação e injúria, Frei Galvão foi exemplaríssimo: nenhuma queixa, nenhum julgamento, quando expulsaram as Irmãs do Con-

---

[16] *Escritos Espirituais*, Frei Antônio de Sant'Anna Galvão, §§ 15, 16, p. 25.

ventinho! Nenhuma murmuração, julgamento algum quando foi expulso ele mesmo de São Paulo, por causa da justiça! E nisto mostrava também heroico amor ao inimigo, por amor e dedicação absoluta à PAZ!

Na sua *Cédula*, Frei Antônio se coloca num cenário de luta pela luz, pela paz, contra as trevas, o demônio. É o mesmo cenário em que nos coloca a Bíblia. Assim, aconselhando as Irmãs a identificarem os sinais do Reino de Deus, dizia: "Se forem de Deus, deixam grande conhecimento da própria vileza, deixam amor às virtudes, desprezo do mundo e de si próprio, desejos de perfeição, paz, segurança, tranquilidade, tudo na alma". Admirável sabedoria do Mestre!

Relacionava Frei Galvão e Eucaristia? Ora, formando as Irmãs na vivência eucarística, recomendava: "As vossas comunhões são aplicadas pela paz e concórdia da Santa Igreja, Nossa Mãe, paz e concórdia entre os Príncipes Cristãos, extirpação das heresias, conversão dos infiéis. Para que Deus Nosso Senhor levante os pecadores, com seu poderoso braço, do miserável abismo das culpas em que estão caídos, para que sustente com seus piedosos ombros aos que estão de pé na sua graça"[17].

Que testemunho valioso de como a PAZ era quase obsessão na grande alma franciscana de Frei Galvão!

É também de inspiração eucarística uma das expressões de maior angústia que nos deixou o grande Frade Menor, quando expulso. Qual a mais importante recomendação que ele faz na sua *Carta de Despedida* às Irmãs? Ei-la: "Vivam unidas, vivam unidas, vivam unidas. Guardem a glória de Nosso Senhor, vivendo na sua providência, esperando nele só, filhas, vivam unidas, vivam unidas"[18]. Despedida patética que lembra um vulcão ameaçando estrugir, mas, dominado por força divina,

---

[17] *Escritos Espirituais*, p. 9-10.
[18] *Escritos Espirituais*, p. 9-10.

sobrenatural, cuja inspiração é, parece certo, outra despedida emocionante: a *Oração de Despedida* de Jesus, Sumo Sacerdote e Vítima. Nela suplica, repetidas vezes, pela união e paz na sua Igreja (ver Jo 13-17). A mesma inspiração da última despedida de São Francisco de Assis, o imortal Cavaleiro da PAZ! (Íntegra à p. 72).

Um tal homem, como que recriado pelo poder transformador da Palavra evangélica, é deveras Filho de Deus!... e portanto herdeiro da glória!...

... PORQUE SERÃO CHAMADOS FILHOS DE DEUS!...

9. Bem-aventurados os que sofrem perseguição por causa da justiça...

São Francisco: Na sua Regra: "Ser humilde e paciente nas perseguições e enfermidades, amar aqueles que nos perseguem e caluniam. Bem-aventurados os que padecem perseguição por amor da justiça, porque deles é o Reino dos Céus. Quem assim perseverar até o fim, este será salvo" (Mt 5,44; 5,10; 10,22)[19].

O espírito do mundo está sempre pronto a perseguir... o espírito de Cristo sofre, ama e rende graças na perseguição.

Não podemos olvidar um dado de grande relevância na longa existência do querido Frei Antônio de Sant'Anna Galvão: desde criança até alta velhice, ele enfrentou um ambiente de perseguição religiosa. A casa paterna, do capitão-mor, era foco de mil notícias, boatos e confabulações. Não podendo estudar com os jesuítas em São Paulo, ele foi para o longínquo Seminário de Belém. Foram anos de tensão, com frequentes informações de brutais fechamentos de casas religiosas e sobre

---

[19] *Escritos Espirituais*, p. 138.

outras medidas de perseguições. Havia uma atmosfera própria para fazer dele um jovem agressivo, com tendências à libertação violenta.

Não podendo ser jesuíta, abraçou a vida franciscana, com uma *Regra* toda evangélica em relação aos perseguidores. Assimilou o espírito de São Francisco de modo maduro e construtivo. Nos cálculos do mundo, construir um Mosteiro para contemplativas na época era perder tempo em obra sem futuro e correr grande risco! Ainda mais sem recursos próprios, na dependência dos grandes e dos Governos. Prevaleceu em Frei Galvão madura e construtiva atitude evangélica, prudente, desarmada, inteligente.

Graças a tal atitude. Frei Antônio de Sant'Anna conseguiu a colaboração decisiva do próprio Capitão-General de São Paulo: soube jogar bem com seus trunfos. Mas não facilitou: prudente que era, fundou apenas um Recolhimento, mas formou um autêntico Mosteiro, que ficou para a história.

Assim, o humilde Frade Menor, se sobrepôs ao iníquo poder da época. Brilhou santamente seu testemunho de religioso e sacerdote franciscano. Plantou para o futuro, fazendo exatamente o que a perseguição oficial pretendia evitar!

Como todo e qualquer outro religioso que "apareça", Frei Antônio sofreu a perseguição da maledicência dos mundanos: aqui era ele um "bajulador de ricos" (MS-97); lá um galanteador das fiéis, como vimos; acolá os "motins" do clero contra o projeto da Irmã Helena... Só Deus sabe quanto este cotidiano de pequenas e grandes perseguições, contribuiu para esculpir aquele Frei Galvão que conhecemos, de dois dolorosos tempos de perseguição da parte de um único tirano: a mesquinha ordem de fechar o Mosteiro e a expulsão da Cidade no desumano processo do Caetaninho. Em ambos os casos, impressionada ainda hoje a obediência límpida do Frade Menor; o domínio sereno e pleno de si mesmo e da situação; o silêncio evangélico do respeito, do perdão; a não murmuração, a não vingança, a não violência... Este Frei Galvão não podia absolutamente ter sido feito num dia!

Existiam valores infinitamente superiores a qualquer consideração humana que o Servo de Deus por nada sacrificaria, fiel a sua *Cédula de Escravidão* à Imaculada: a imitação de Cristo; a presença de Deus (graça) nele; a conquista do Reino e de um galardão definitivo e único!...

... PORQUE DELES É O REINO DE DEUS! ALEGRAI-VOS! EXULTAI-VOS!

VI
RETOQUES, APROFUNDAMENTOS, CONSUMAÇÃO

1. O franciscano em plenitude

Até aqui, procuramos levantar, com a fidelidade possível, a imagem do franciscano sacerdote Frei Antônio de Sant'Anna Galvão, à luz da Regra e Vida que ele abraçou na sua longa e frutuosa existência. Este novo Capítulo não nos traz mais que retoques, aprofundamentos, até à consumação. Cabe ao leitor enriquecer com estes outros elementos a sua imagem do Servo de Deus.

a) São Francisco e suas três Ordens

Retornando a Frei Galvão como filho emérito de São Francisco, temos a lembrar o seguinte: o Seráfico Patriarca na sua curta e fecunda passagem por este mundo, fundou três Ordens religiosas independentes, mas unificadas pelo carisma comum. A rigor, nem se pode afirmar que São Francisco as imaginou, estruturou e fundou. Ele era modesto demais para chegar a tanto!

Aconteceu basicamente assim: o jovem Francisco se lançou sozinho à incomum aventura evangélica. Seu exemplo fez a outros refletirem e ele os atraiu... Vieram homens, que o penitente de Assis acolheu e daí nasceu a Primeira Ordem... A jovem virgem Clara, acompanhada, também se apresentou, e daí nasceu a Segunda Ordem, das Damas Pobres, hoje Clarissas, de vida penitente e contemplativa... E então chegou a vez dos leigos, casados e solteiros, pedindo, também eles, uma *Regra e Vida* que respeitasse seu estado secular. Surgiu assim a Terceira Ordem...

Ora, tudo isso aconteceu para que o Poverello pudesse realmente concretizar a ordem do Crucificado de São Damião:

— Francisco, restaura a minha Igreja!

A Igreja a restaurar não seria só de frades (1ª Ordem), mas a Igreja na sua plenitude. Mediante as três Ordens, sim, o mesmo carisma franciscano poderia restaurar a Igreja toda[20].

Viveu Frei Galvão, em todas as dimensões, a riqueza total do carisma de seu glo-rioso Fundador? Com alegria podemos afirmar que sim: foi membro de escola da Primeira Ordem, servindo na Província da Imaculada Conceição, Brasil; mediante as Concepcionistas, vivenciou, como poucos, a dimensão penitencial e contemplativa da Segunda Ordem; e foi emérito Comissário da Venerável Ordem Terceira da Penitência do seu tempo, que ainda hoje goza de grande vitalidade em São Paulo, Largo de São Francisco.

b) Concepcionistas e Franciscanos

De todo original o que ocorreu com as Monjas do Mosteiro da Luz: a principal "luz" inspiradora para elas era concepcionista (imaculista), como ficou demonstrado. Por isso, as Irmãs abraçaram a Regra Concepcionista, sem serem ainda

---

[20] Cf. *Contemplando o Crucifixo de Frei Damião*, Frei Carmelo Surian, ofm, Editora Santuário, Aparecida-SP.

concepcionistas, de voto solene, o que ocorreria bem mais tarde. Sobre que base jurídica ligar então o Recolhimento à Igreja? O Bispo franciscano de São Paulo resolveu o problema para as primeiras Irmãs, da forma como se lê no *Estatuto* que o próprio Frei Galvão elaborou para elas. Lemos no parágrafo primeiro: "A Padroeira é Maria Santíssima e Senhora nossa, por determinação de seu Fundador, o Exmo. e Revmo. Sr. Dom Frei Manuel da Ressurreição, 3º Bispo de São Paulo, e por vontade de sua primeira instituidora Helena Maria do Espírito Santo, com o título de Conceição, por mandado do mesmo Exmo. e Revmo. Sr., acomodando-se à Ordem das Concepcionistas, aprovadas por Júlio II". Mais adiante, no parágrafo dois: "... usando dos Ritos, folhinhas e cerimônias que costumam os religiosos Menores desta Província de Nossa Senhora da Conceição do Rio de Janeiro. Não só por Concepcionistas, como por Irmãs Terceiras da Venerável Ordem da Penitência de Nosso Seráfico Pai São Francisco, por expressa determinação do mesmo Exmo. e Revmo. Sr..."[21]

Por aí se vê como se entrelaçam num mesmo ideal o carisma franciscano e o ideal concepcionista. Hoje, a Primeira Ordem e a Ordem Concepcionista são "associadas", conforme o Cânon 614.

O que mais admira é ver como a Providência permitiu a Frei Antônio testemunhar sua vocação imaculista e ao mesmo tempo satisfazer plenamente um aspecto tão importante do carisma franciscano, qual o da Segunda Ordem.

c) Comissário da Ordem Terceira

Quanto à Ordem Terceira, dimensão leiga, secular do carisma do Poverello, vale recordar que Frei Galvão residia num

---

[21] *Escritos Espirituais*, Frei Antônio de Sant'Anna Galvão, p. 15-16.

daqueles antigos Conventos edificados segundo venerável tradição portuguesa: anexos a igrejas geminadas, uma conventual, outra das Chagas, administrada pela Ordem Terceira da Penitência, com assistência dos frades. Exatamente como até hoje, no Largo do São Francisco, São Paulo; no Largo da Carioca, Rio de Janeiro; em Salvador, Bahia.

Em 1776, o obediente Servo de Deus foi nomeado pelos Superiores, Comissários da Ordem Terceira. Os terceiros, certamente apegados a Frei Inácio, que lhes fora arrancado por uma transferência, opuseram-se, talvez nem tanto a Frei Galvão. Mas, por vigorosa mediação do próprio Frei Inácio, acabaram recebendo o humilde Frei Antônio de Sant'Anna aos 9 de agosto do referido ano. Não demorou e ele já era deveras Senhor da nova situação, conquistando os corações pela piedade e competência.

Alguém poderia pensar que, por natureza, contemplativo e todo dedicado às Irmãs do Mosteiro, Frei Galvão não se desse bem com os problemas e os negócios dos leigos... Mas, na realidade, o que ocorreu foi bem diverso: o ofício de porteiro, as ingentes obras do Convento da Luz, o diuturno contato com o povo e com os pobres, formaram um homem de largos horizontes e arguto tino administrativo, atento à saúde da empresa, ao progresso, à justiça... Herança do saudoso pai? De fato, logo detectou na Venerável, uma administração emperrada, condenada à morte, alheia até aos mais sagrados compromissos, como a celebração de Missas em sufrágio de Irmãos falecidos. Reorganizou o patrimônio sobre a base de imóveis, saneando os negócios, e mandou que se cumprissem seriamente os compromissos de religião. Apoiou a expansão da Ordem no território de Goiás, para onde iam Irmãos da Fraternidade de São Paulo. A verdade é que o próprio Frei Galvão assina todos os Atos da Ordem de 1776 a 1780, demonstrando sempre a sua responsabilidade e frutuosa presença fraterno-pastoral.

Em 1779 foi reeleito, todavia, não mais assumiu, talvez por estar sobrecarregado.

Assim a marcante experiência do querido Frade Menor, que abraçou, com amor e dedicação, todas as dimensões do carisma franciscano (MS-114).

Se canonizado, Frei Antônio de Sant'Anna Galvão bem poderia ostentar outro título: o Santo do carisma franciscano total, acordando, quem sabe, adormecidas consciências franciscanas.

Hoje, a Ordem Terceira está renovada mediante sólida Regra e Vida adaptada ao Concílio Vaticano II e aprovada pelo saudoso Paulo VI. Modernamente, utiliza-se da sigla OFS, Ordem Franciscana Secular.

2. Espiritualidade litúrgica

Lembremos que a oração litúrgica é o orar da Igreja enquanto Esposa Mística de Cristo, intimamente unida às mais puras intenções do seu Deus e Salvador (Jo 17); no louvor, na súplica, na reparação, na adoração e na ação de graças ao Pai, no amor do Espírito Santo. É o coração mesmo da Igreja, sacramento de encontro entre Deus e as criaturas, sobretudo o homem, imagem e semelhança do seu Criador.

São Francisco cultivou com carinho e incomum profundidade a espiritualidade litúrgica. Assimilou assim uma visão de fé em que a Santíssima Trindade é de fato "fonte e cume" de todo dom, de toda graça, de todo universo existente. Daí seu fascínio pela criação.

Nosso bom Mestre Padre Galvão, embora vivendo praticamente a mesma espiritualidade, à primeira vista, como nos seus escritos, por exemplo, não evidencia ter consciência da dimensão trinitária e cósmica da Revelação cristã e da vida da

Igreja. Todavia, como místico da vida litúrgica e especialista da matéria, é impossível não tivesse passado às Irmãs que todo ato da liturgia católica se abre e se encerra em nome da Santíssima Trindade. Que somente na celebração de uma única santa missa a referência ao Pai criador, ao Filho redentor e ao Espírito Santo santificador é o coração mesmo do Sacrifício Eucarístico. Ao ensinar às Irmãs inclinarem devotamente as cabeças, no fim de cada Salmo dos longos Ofícios Divinos, ao proclamar: GLÓRIA AO PAI, AO FILHO E AO ESPÍRITO SANTO, deixava claro que era pura adoração ao Deus Uno e Trino, fonte e cume da existência cristã.

Se, de um lado, ele recomenda às Irmãs enclausuradas rigorosa distância do "mundo", ele mesmo, embora pessoalmente pobre e desapegado, quando se tratava da glória de Deus, constrói com magnificência e beleza o grandioso conjunto do Mosteiro da Luz, ajuda os pobres, sobretudo aquela "pobreza envergonhada" de tantas e tantas famílias, e até colabora com os leigos da Ordem Terceira, na administração de seus bens. O "cosmos" para ele era, sim, aquele mundo criado pelo Pai, redimido pelo Sangue de Cristo, o Filho de Deus nascido de Maria, santificado na força do Espírito Santo, para a honra e o louvor de toda a Trindade Santíssima.

Mas nem por isso terá amado menos a vida litúrgica. Descobrimos o "técnico" no assunto, lendo com atenção as prescrições que faz as suas Monjas para o devido culto a Maria Santíssima: "Cantarão solenemente em todos os sábados, depois de Matinas, em lugar da oração mental, o primeiro noturno do ofício parvo, com as três lições, vulgarmente chamado Benedicta. Cantarão dos ofícios divinos, Conceição e Assunção, que são do rito duplex de primeira classe, primeiras Vésperas, Matinas e Laudes. Cantarão em todas as festas da mesma Senhora com o rito duplex de segunda classe, Vésperas e Laudes. Cantarão anualmente em seus respectivos tempos, todas as vezes que se terminar o coro, as antífonas seguintes: Regina Coeli Laetare, Salve Regina Mater misericordiae, a tom de órgão, podendo ser. Cantarão todos os sábados, depois de completas, a sua ladainha"[22]. O melhor da liturgia para honrar devidamente a Senhora da Conceição e do modo mais jubiloso e expressivo: cantado, sempre que possível!

Todavia, Frei Galvão não era apenas o "técnico" no assunto. Há um "espírito" todo pessoal que ele procura comunicar às Irmãs. No último parágrafo do *Estatuto*, lemos: "DO PROFUNDO RESPEITO QUE SE DEVE AO TEMPLO DO SENHOR E A SEUS MINISTROS — § 17: E, porque os templos, para maior comodidade e facilidade nos exercí--cios espirituais, estão contíguos aos dormitórios das religiosas: este motivo que descobriu a prudência, não seja causa de relaxação e menor reverência ao templo de Deus, onde vivo e sacramentado confessamos estar presente. As religiosas em coro e confessionário devem estar em profundo acatamento, e evitar, nestes lugares tão sagrados, conversas que não forem necessárias. Respeitem os confessores e sacerdotes, em cujas pessoas se nos conferem os celestiais benefícios: frequentem os sacramentos e roguem a Deus pelos excelentíssimos e Revmos. Senhores Prelados desta Diocese e ao povo que beneficia esta casa"[23]. Como lembra São Francisco!

No segundo capítulo de seus *Conselhos*, deixa bem claro que se as Irmãs relaxarem a obrigação do Ofício Litúrgico, "então está tudo perdido e acabado..."[24], como São Francisco que não admitia nada acima da oração.

Já na sua *Relação* sobre a Irmã Helena, parece satisfeito com a piedade das suas filhas: "As religiosas, para cuja habita-

---

[22] *Escritos Espirituais*, p. 19.
[23] Idem, p. 26.
[24] Idem, p. 33.

ção é a mencionada obra, têm por instituto o viverem da Divina Providência. Rezam e cantam o ofício divino à imitação dos religiosos franciscanos; vão, à semelhança destes, à meia-noite ao coro e fazem outros exercícios eclesiásticos e religiosos que deixo de referir por brevidade. Tem a misericordiosa mão de Deus, socorrido a elas na boa fama que geralmente têm merecido, não menos na estimação do Excelentíssimo Senhor diocesano, o qual com muita benignidade as atende. À Divina Providência seja servida não apartar os seus olhos daquelas que desejam ser verdadeiras servas e mereçam, pelas suas obras, na aceitação do mesmo Senhor, a glória e decoro de suas fiéis esposas"[25].

3. As bilocações

As bilocações parecem ter sido uma constante na vida do Servo de Deus. Mais acima, demos parecer sobre as mesmas. Vamos agora conhecer algumas delas, as que, no Juízo de Maristella, oferecem melhor documentação histórica. Por brevidade, deixaremos com a diligente Autora tais detalhes, aliás, interessantíssimos:

a) Frei Galvão em Potunduva

Encontra-se o bairro de Potunduva, às margens do Rio Tietê, à altura da ponte que liga Pederneiras a Bauru, mais exatamente na fazenda Santa Cruz.

No tempo do nosso Frei "no bairro de Potunduva, todos os moradores viviam do tráfego das monções. Ali residiam algu-

---

[25] *Escritos Espirituais*, p. 30.

mas famílias de caboclos cujos homens se empregavam como proeiros, remeiros e varejeiros dos canoões das flotilhas a trafegarem entre Porto Feliz e Cuiabá".

"Entre os mestres das monções, em fins do século XVIII, era especialmente prestigioso Manoel Portes, graças à ordem que sabia manter entre as tripulações, o cuidado ou antes, o rigor com que executava as encomendas e a escrupulosa fidelidade na entrega de dinheiro e mercadorias."

Pois bem, forte, musculoso, temperamental, Portes costumava tratar duro os seus subordinados, quando o aborreciam. Aconteceu que, certa vez, estando a subir o Tietê rumo a Porto Feliz, castigou severamente o caboclo Apolinário, tipo indolente e indisciplinado.

Aportaram à margem para repouso e revisão e ocorreu outra vez: Portes puniu de novo o caboclo, que não reagiu... Era o silêncio da trama vingativa!

E não deu outra coisa: estava Portes conversando distraído com um de seus homens, quando Apolinário o atacou mortalmente pelas costas, com enorme facão! E fugiu...

A vítima "pusera-se então no auge do desespero a gritar: Meu Deus, eu morro sem confissão! Virgem Mãe de Deus, perdão, perdão! Senhor Santo Antônio, pedi por mim! Dai-me confessor! Vinde, Frei Galvão, assistir-me!"

Acorreram os companheiros, extremamente angustiados por nada poder fazer para atender o colega, naquela selva distante...

Nisto, alguém grita, avisando que um frade se aproximava. Não lhes foi problema identificar Frei Galvão, pois eram frequentadores de Itu.

Aproximou-se o querido sacerdote, "afastou com um gesto os espectadores da trágica cena, abaixou-se, sentou-se, pôs a cabeça de Portes sobre o colo e falou-lhe em voz baixa, encostando-lhe depois o ouvido aos lábios. Ficou assim alguns instantes, findos os quais abençoou o expirante. Levantou-se, então, fez um gesto de adeus, afastou-se de modo tão misterioso quanto aparecera, deixando estáticos os presenciadores de tão estranha ocorrência, certos de haverem presenciado um milagre".

Onde estaria realmente Frei Galvão naqueles momentos? Uma tradição diz que se encontrava em São Paulo, pregando. Interrompeu-se, pediu uma Ave-Maria por um moribundo. Acabada a oração, prosseguiu. A outra tradição o coloca dando catecismo a crianças. Ter-se-ia dobrado sobre a mesa, em absoluto silêncio...

No porto de Potunduva, sepultaram Manuel Portes, erguendo ali a Santa Cruz. Posteriormente surgiu a Capelinha de Frei Galvão. Em 1950, uma enchente a levou. Mas não faltou quem levantasse outra, bem melhor e mais segura, em local fora do alcance das águas. Lá, persiste a devoção popular, com sua festa marcada para 3 de maio.

Na época, o caso Portes teve enorme divulgação. "Todas as monções, as que baixavam e as que subiam, passavam a aportar no local do crime, visitando-o com toda a curiosidade" (MS-141).

b) Ainda hoje...

Sor Myriam e Maristella relatam outros casos bastante semelhantes, sobretudo no que diz respeito ao socorro misericordioso de Frei Galvão aos moribundos, aos que estão para enfrentar a delicada hora da morte. Até hoje chegam ao Mosteiro da Luz relatos idênticos de aparições de Frei Sant'Anna, socorrendo seus amigos. Que não nos leve a mal Maristella, se mais uma vez transcrevemos longamente o seu texto. É que desejamos ser fiéis, quanto possível. Vamos ao caso, ou melhor, aos casos: "Aconteceram na cidade de Poços de Caldas, no ano de 1952 e foram narrados por pessoa digna de todo o crédito".

"Uma senhora já de idade, desde a juventude avessa às práticas de religião, fazendo até alarde de não ter fé, adoeceu gravemente, sendo hospitalizada. Seu caso era irremediável, a morte certa e próxima. As pessoas de sua distinta família não pensaram em lhe falar de Sacramentos, pois ela mesma não cogitava disso, só dizendo que queria sarar e não morrer. Com este desejo de se curar, lembrou-se de uma jovem sua conhecida que distribuía certas pílulas de Frei Galvão; ela, porém, não o sabia, pois, do contrário, nem as teria desejado. Pediu que fossem procurar a moça e lhe trouxessem as tais pílulas para poder sarar. Fizeram-lhe a vontade, sem lhe dizer nada a respeito de Frei Galvão."

"A doente as tomou, e coisa maravilhosa! No dia seguinte estava completamente mudada. Mandou chamar a jovem e disse-lhe que durante a noite viera um frade ali no quarto, e junto de seu leito mandou-lhe que se confessasse porque iria morrer muito breve. A moça, muito admirada de tão prodigiosa mudança, mostrou-lhe uma estampa de Frei Galvão perguntando-lhe se não seria aquele o frade que ela vira.

— "É este mesmo — respondeu, e insistindo — Ele me *mandou* confessar e por isso chame logo um Sacerdote. Confessou-se, no dia seguinte, recebeu a Sagrada Comunhão e a Unção dos Enfermos, e ao terceiro dia faleceu na paz do Senhor, com grandes sentimentos de fé."

"Outra senhora da mesma cidade também adoeceu gravemente e foi para o hospital. Esta, crente demais, acreditava ainda no que não devia, isto é, era espírita fanática. Aliás, toda a sua família também, e nesta, casos tristíssimos de loucura e suicídio, já houvera."

"Esta pobre senhora parecia não ter fim melhor, quando lhe deram as pílulas de Frei Galvão, certamente sob a aparência de remédio qualquer. Acabou aceitando os Sacramentos e faleceu na graça de Deus. Louvado seja o nosso grande e misericordiosíssimo Pai do céu" (MS-150).

4. Casos selecionados

Infelizmente não temos nada de novo, além do que publicaram Maristella e Sor Myriam. Apenas uma leitura diferente do testemunho de Frei Galvão, uma outra ordem de coisas no relacionamento dos dados e dos fatos. Entre os casos selecionados, comecemos pelo relato da origem das famosas "pílulas de Frei Galvão", ainda há pouco citadas com tanto destaque:

a) A origem das famosas "pílulas"

No primeiro capítulo deste livrinho ocorre uma referência ao grau de visão científica que predominava no tempo de Frei Galvão. Podemos imaginar como eram precários os recursos da medicina e da farmacologia. Assim sendo, não admira que na medida em que crescia a confiança "dos novos" no santo Frade Menor, mais e mais ele se tornasse o remédio último para todas as aflições dos fiéis. Recorriam a ele para tudo.

Certa vez, vieram pedir-lhe que orasse em favor de um rapaz prostrado com violentas dores provenientes de cálculos vesicais. Prontamente o santo Frade Menor, o grande Irmão de todos, se dispôs a atender com empenho... Mas, pareceu-lhe no momento não bastar isso. Extremamente compassivo, intuiu que seria mais humano enviar ao doente um sinal sensível da sua caridade, do seu empenho, uma espécie de sacramental do seu desejo profundo de curá-lo. Então, seguramente inspirado pela Senhora, o Escravo de Maria fez o seguinte: tomou um pedacinho de papel e nele escreveu, em latim:

"Post partum, Virgo, inviolata parmansisti:
Dei Genitrix, intercede pro nobis."
Ou seja:
"Depois do parto, ó Virgem, permaneceste intacta:
Mãe de Deus, intercede por nós."

O Servo de Deus tomou o papel e o enrolou todo, dando-lhe a forma de um canudinho e o enviou ao paciente, recomendando que o tomasse a modo de remédio. Com isso deu grande conforto e segurança também aos amigos do doente. E tudo decorreu "milagrosamente": o enfermo tomou a primeira "pílula" de Frei Galvão e logo expeliu um grande cálculo, para imenso alívio próprio, dos parentes e amigos.

Como se vê, as pílulas não têm a sua origem num caso de gravidez e nem são destinadas especialmente para tais casos, como ainda persiste na devoção do povo. É claro que aliviaram muitas e muitas parturientes, como também concorreram para converter a muitos moribundos na hora extrema... (MS-162).

b) Fioretti I

É possível que nossa imagem do Santo Franciscano seja um tanto severa. Acreditamos mesmo que seu porte fosse normalmente severo, mas escondendo doçura, humor, e até hilaridade...

Aconteceu nos primeiros tempos da vida monástica no primitivo e humilde Recolhimento. As Irmãzinhas todas ainda fortemente inflamadas pelo ideal da mais abandonada pobreza e, ao mesmo tempo, confiança na Divina Providência. Na Bíblia, descobriram uma receita divina para tal aventura desafiadora: no deserto, o Senhor alimentara seu povo, os israelitas, com o maná de cada dia, exatamente na medida das necessidades do cotidiano. Ai daqueles que guardassem o alimento celeste para o dia seguinte! E para estimulá-las à meticulosa fidelidade diária, lhe soava aos ouvidos da alma a admoestação do Esposo divinal:

— Não vos preocupeis com o que comer, com o que vestir... Não vos preocupeis!...

Acontece que uma pessoa amiga e compadecida resolveu

proporcionar às Irmãs uma alegria extra. Nada mais nada menos que um leitãozinho no pontinho certo para ser degustado à vontade. Muita alegria, sim, mas também um seríssimo problema: o bichinho era demais para um dia só! Pobres quase não apareciam por ali para ajudá-las a comê-lo. Não dava para seguir a fabulosa inspiração do bom Frei Junípero, dos primeiros companheiros de São Francisco, que em situação semelhante, cortou só um pedaço do porquinho vivo... O delas já estava morto! Que fazer? Só lhes restou um caminho: comeram quanto puderam do saboroso quitute... e o que sobrou, enterraram dolorosamente! Mas, ao mesmo tempo, com a consciência alegre e tranquila de não terem ofendido a Providência Divina!...

Quando apareceu o Mestre Padre Galvão, relataram-lhe rigorosamente toda a verdade, em consciência. Esperavam dele pelo menos um elogio. Sorrindo santamente, sentenciou Frei Galvão declarando que, pela sua matemática celeste, a Divina Providência houvera calculado para dois dias!... (SM-57)

c) *Fioretti II*

Encontrava-se Frei Antônio de Sant'Anna Galvão em plena atividade apostólica na tradicional cidade paulista de Itu. Evidente que a notícia desta tão querida presença se espalhara logo por toda a redondeza. Não muito longe, num sítio, morava tranquilo um preto velho, bom e trabalhador. Sentindo-se doente, em pensamento logo se apegou a Frei Galvão. Confiante, fez lá a sua promessa: uma vara de frangos para o Santo Homem se ele ficasse bom de fato. Frei Antônio não perdeu tempo: sem demora curou e bem curado o homem dos frangos. Este, por sua vez, muito se alegrou e, dadivoso e honesto como era, mesmo porque no fundo temia uma recaída se não o fizesse, amarrou doze frangos pelos pés, os colocou numa vara e lá se foi em busca do Padre milagreiro. Tudo bem!... Tudo bem!... Mas, de repente as coisas começaram a pretejar "pro nego véio". Pelo visto, ele não amarrara bem toda a frangalhada: nada menos que três escaparam, colocando à boa prova as pernas meio duras do velhinho. Dois ele pegou logo... mas o terceiro, um carijó, foi um "Deus nos acuda" de quase desesperar o piedoso homem. Corre que corre, vira que vira, eis que o negro deixa explodir sua raiva gritando: *pare aí, frango do diabo!* E então até parece que o "tinhoso" gostou: enroscou o frango numa moita e lá foi de novo o carijó para a vara e a vara para os ombros do pagador de promessa e todos para Frei Galvão.

Graças a Deus não foi difícil encontrar o Santo Frade. Ele, gentil por natureza, se desdobrava para os simples e humildes. Fez grande festa, e alegremente foi recebendo frango por frango, elogiando um por um e agradecendo. Todavia, quando chegou a vez do último, exatamente o endiabrado carijó, o Santo Padre Galvão o rejeitou terminantemente, alegando firme que aquele era um *frango do diabo!...*

Brincadeira ou coisa séria? Parece que o Escravo da Senhora Imaculada nem por brincadeira admitia ter algo em comum com aquele que devia ser pisado aos pés pelo poder de sua Rainha (SM-205).

d) Fioretti III

Sabemos que muitos dos grandes santos são personalidades tão ricas que transbordam dos limites da Igreja oficial, com seus clichês e modelos pré-fabricados e acabam sensibilizando a alma popular. Daí, em parte, a literatura como Fioretti, folclore. Nesta linha, por exemplo, na vida de quase todos estes santos, ocorre que alguém tenta "espiar" o santo na sua privacidade, em busca do maravilhoso, que o santo não revela a ninguém, a sua intimidade com o divino, o seu "sagrado comércio". Frei Galvão, de tão forte presença no coração dos "povos", não escapou a esta regrinha.

Encontrava-se o Apóstolo da Capitania de São Paulo numa fazenda do interior paulista. Atraídas pelo Santo Frade, crianças brincavam alegremente ali por perto, num alarido sem fim... Quem sabe cansado ou desejoso de maior concentração, o Santo missionário silenciosamente se recolheu ao seu quarto de hóspede. Alguém, de liderança no meio da criançada, observava tudo... E não demorou muito, como que por toque mágico, cessou a algazarra da turminha. Instintivamente se fundiram num grupo só e confabularam: o Frade foi para o quarto... vamos descobrir o mistério do quarto! Esperaram ainda um pouquinho, prudentemente, e, qual pequenos assaltantes, com redobrada cautela, cercaram a fascinante porta. O líder arriscou, cauteloso, a primeira olhadela pelo largo espaço aberto na parte inferior da porta... Olhou e ficou como que paralisado diante do que viu! Depois de um segundinho de silenciosa expectativa, outros se arriscaram, e não demorou muito, era a turminha toda a gritar: "Frei Galvão está voando pelo ar! Frei Galvão está voando pelo ar!..."

Daí por diante, ninguém mais segurou esta fama de Frei Galvão!...

Não seria Deus falando, pela boca das crianças, do encendrado amor que lhe consagrava o seu Servo tão humilde? Arrebatado pela força mística do amor, o Santo Homem levitava!

E não apenas o mundo infantil teve a ocasião de nos deixar este testemunho. No Mosteiro da Luz se encontra uma outra testemunha, agora uma velhinha: caminhando em plena rua, de longe, pôde observar o Frade que se aproximava todo recolhido, como que voando... Ao se cruzarem, ela não se conteve: "Ué, senhor Padre, então, vossemecê anda sem pisar no chão?" E o Frei sorriu, saudou, passou!

Como as crianças, também a boa velhinha terá botado a boca no mundo. E esta fama do bom Frade lá se foi, mundo afora... Daí ocorrer que, conversando com as Irmãs da Luz sobre o santo Fundador, o Sr. Afonso Taunay relatou que, estando em Limeira, atento às rezas do povo, ouviu esta quadrinha:

"Nas minhas aflições — dai-me consolação — Senhor meu Frei Galvão — que não pisais no chão".

Em Araras, alguém se deparou com a mesma quadrinha!... (MS-159).

e) Instrumentos da Paz

Conhecemos a dedicação do Servo de Deus à paz. Considerando que nunca será demais demonstrar com outros exemplos o seu sutil e corajoso empenho em pacificar os cristãos entre si e com Deus, vamos a um caso relatado por Frei Adalberto Ortmann e transladado por Maristella: "Quando em Itu, de visita ao tenente e ouvidor Fernando Pais de Barros e sua mulher Maria Jorge, e aceitando o convite de com eles pernoitar, na mesma casa aliás onde mais tarde ofereceram hospedagem ao Imperador Dom Pedro II, o casal o conduziu ao quarto para ele acomodado. Parando diante da porta, disse Frei Galvão: 'Este quarto não me serve'. Disseram-lhe que justamente para ele fora preparado. 'Mas este quarto não quero passar a noite, replicou, quero dormir ali', e apontava o quarto do casal. Não houve meio senão fazer-lhe a vontade. Na manhã seguinte encontraram a cama intacta, mas desde aquele dia cessaram todas as desavenças que até aquela data eram constantes entre o casal" (MS-139).

Se as crianças espiassem o Frei naquela noite, certamente o encontrariam em oração e atos penitenciais. É lembrar o mesmo Frei Antônio sentado à porta do moribundo impenitente...

Ele conhecia a palavra do Senhor: — Este tipo de demônio, só com muita oração e penitência!...

f) Telepercepção

Os antigos conheciam a linguagem dos sinos. Uma das funções dos sinos era "chamar os vivos" a qualquer hora do dia ou da noite para unir a comunidade para as surpresas que a vida sempre traz, sem marcar hora. E isso aconteceu também com nosso Frei Galvão, grande amigo "dos povos". Ele já era bem idoso. Certo dia, tocou vivamente os sinos do Mosteiro e promoveu insistente reza totalmente fora de horário. Os fiéis o acompanharam perplexos e ansiosos, até que ele lhes revelou o motivo daquela convocação extraordinária e tão urgente. Sereno como sempre, declarou o santo Padre: "Rebentou em Portugal uma Revolução" (talvez a de 1820). E relatou detalhes, como verdadeira testemunha ocular. Semanas depois, chegaram as notícias confirmando a perturbadora notícia telecaptada pelo Servo de Deus ao vivo! (MS-167)

5. Seu canto de cisne

Ao que parece, nem em tudo Frei Galvão combinaria com a famosa ave: ele modesto, ela altiva; ele frade menor, desejoso de desaparecer, ela figurão dos palácios e castelos. O cisne, ao que dizem, cantaria somente para anunciar a sua morte, enquanto Frei Galvão passou a vida cantando os louvores do Senhor, pela voz, pela oração e pelos gestos concretos da sua longa e frutuosa existência...

Isso posto, chamaríamos de Canto de Cisne a última obra deveras extraordinária que Frei Antônio de Sant'Anna Galvão realizou. Vamos a ela:

Convento da Luz – São Paulo

Corria o ano de 1776. O Capitão-Mor de Sorocaba, Salvador de Oliveira Leme, o Sarutaiá, desejoso de criar melhores condições para que os escravos vivessem melhor a fé católica, imaginou construir para eles, e com eles, uma igreja dedicada a Nossa Senhora do Rosário. Contava com o trabalho deles bem como com suas esmolas. Tempo perdido! Não houve jeito mesmo.

Todavia, o Sarutaiá não desistiu totalmente do seu projeto. Desligou a obra da Irmandade, devolveu o dinheirinho dos escravos e enfrentou os trabalhos em nome da família, passando tudo em favor dos seus herdeiros. Assim, com seu falecimento, a capela ficou para seu filho Francisco Xavier de Oliveira.

Francisco, por sua vez, tinha duas filhas, Manuela e Rita. Tocadas pela graça vocacional, imaginaram fundar um Recolhimento ao lado da Capela do pai.

O difícil mesmo era conseguir a licença do Governo de Portugal, mais interessado em povoar o Brasil com boa gente. Melhor mesmo é que as meninas se casassem. Mas, elas eram netas de um Capitão-Mor! Valia a pena tentar recorrer às Autoridades. O que foi feito, sim, mas sem resultado.

Todavia, o sangue do Sarutaiá falava mais alto. E as destemidas irmãs resolveram partir pessoalmente para o Rio de Janeiro, a fim de enfrentar a Corte de Dom João VI, já no Brasil. A conselho de amigos, propõem, então, a fundação de uma escola religiosa. O Governo não aceitou, alegando falta de patrimônio. Insistem as irmãs: no início, encarregar-se-iam da formação de seis meninas, por conta delas. Mesmo assim, nada teriam conseguido, não fossem os bons ofícios da Marquesa Camareira-Mor.

Triunfantes retornaram as irmãs Manuela e Rita. E não perderam tempo. Recorreram logo ao Bispo de São Paulo, solicitando a mediação dele para conseguir a colaboração das Irmãs da Luz a fim de concretizar seu sonho. Aqui, então, é que entra nosso querido Frei Galvão.

120

Em agosto de 1811, ele recebe um despacho da Cúria de São Paulo, então governada pelo Vigário Geral Mariano. O documento aprovava o projeto das duas irmãs sorocabanas e recorria ao Recolhimento da Luz e a Frei Galvão pedindo a devida colaboração. Insistia em que o projeto seria bem mais seguro se o Servo de Deus fosse pessoalmente lançar-lhe os fundamentos, acompanhado por duas ou três Irmãs. Todavia, o Vigário Geral, que bem conhecia as precárias condições de saúde e a idade do Frade, o deixava bem à vontade para aceitar ou não a empresa.

É bem possível que Frei Antônio se tenha entusiasmado pela fundação. Isso o terá ajudado a obedecer e a enfrentar, com denodo bandeirante, aquela nova aventura evangélica. O que ele de fato fez, com aquele empenho que lhe era peculiar. Parte então com três Irmãs.

Mas o Frade era um homem longamente tarimbado na convivência com um Regime de falsidades e perseguições. Por isso, sempre procurou fazer tudo às claras. Procurando informar-se bem a respeito das origens da fundação, logo percebeu que não pisava terreno firme. Não hesitou: escreveu à Marquesa, Camareira, pedindo esclarecimentos. Ela responde pronta e longamente, com muito respeito para com Frei Galvão, mas deixando ver que o projeto não iria à frente se ele insistisse em ter tudo claro.

Prudente, preocupado com o futuro, Frei Antônio decide que as Irmãs de fato se ocupem da formação das seis meninas, a modo delas. O importante era não dar pretextos aos fariseus da lei e plantar seguro para durar na história. E a Providência Divina abençoou profusamente este ato de prudência e generosidade: todas as seis meninas se tornaram religiosas do Recolhimento!

Quase um ano permaneceu o Santo Fundador em Sorocaba, onde, até o presente, sua obra persiste na altíssima vocação contemplativa. Retornou a São Paulo com duas Irmãs, deixando lá como Regente sua sobrinha, Irmã Isabel. Era seu canto de cisne!... (MS-182).

6. O prisioneiro da cidade de São Paulo

A esta altura, o leitor não estranhará mais o fato de apelidarmos nosso caríssimo Frei Antônio de Sant'Anna Galvão de "o prisioneiro da Cidade". Aspecto da vida do nosso grande Frade Menor que bem vale a pena recapitular e documentar melhor.

Lembremo-nos de que em 1768, o Servo de Deus foi designado pelos Superiores para servir em São Paulo como pregador, confessor de seculares e porteiro do seu Convento. Para qualquer outro religioso comum isso significaria uma rotina, até bastante cômoda, dentro dos muros do claustro. Todavia, os valores imensos represados na alma daquele dinâmico bandeirante de Cristo em pouco tempo extravasaram, conquistaram a cidade, os arredores, a Capitania...

O encontro dele com a Irmã Helena o colocou em constante contato com o Senhor Bispo de São Paulo e com o clero local. A decisão de fundar o Recolhimento o relacionou com as Autoridades e os "maiores" da área. Os cuidados pelas Irmãs e pela construção do Mosteiro o fizeram bater à porta de quase todas as famílias. Os serviços de caridade e misericórdia que ele ia prestando, em volume sempre maior, acabaram fazendo dele o Irmão certo e seguro dos mais humildes. E, como todos o encontrassem sempre constante na linha das bem-aventuranças, crescia sempre a atração que ele exercia, na força divina do espírito de Cristo.

Por isso tudo não admira que lá pelo ano de 1780, Frei Galvão seja alvo preferido da inveja e do ódio do iníquo Capitão-General da época. Como poderia um fanático anticlerical, numa situação legal de perseguição à Igreja, tolerar a onipresença e quase onipotência moral daquele Freizinho tão influente em São Paulo? Sem dúvida, Frei Antônio estava marcado para desaparecer!

Surge então para São Paulo a primeira séria ameaça de perder seu queridíssimo Padre Galvão: o nefando caso do Caetaninho, que conhecemos. Expulso de modo iníquo de São Paulo, o Servo de Deus, obedeceu prontamente, serenamente, caladamente... Deveria resistir, diria alguém. Acontece que o Servo de Deus, por força da sua Regra e Vida e em virtude de sua *Cédula de Escravidão*, não despregava os olhos do exemplo de Cristo. E o Filho de Deus se mostrava para ele calado e obediente, embora condenado vilmente por mais de um Tribunal e pelo próprio povo. Tinha em suas mãos o poder de convocar legiões de anjos para libertá-lo, mas foi manso como um cordeiro para o sacrifício do Calvário. Sabia que somente assim haveria ressurreição, redenção, libertação!...

A íntima união de Frei Sant'Anna com seu Salvador se torna ainda mais patente quando consideramos a *Carta* que ele deixou às Irmãs, verdadeiro monumento ao seu autodomínio e imperturbável caminhada evangélica (p. 152).

Valeria a pena analisar esta *Carta* mais detidamente. Sor Myriam e Maristella já o fazem com muito carinho. No momento, cumpre realçar que, apesar da prepotência da expulsão e da docilidade de Frei Galvão, a Cidade, mobilizada, impediu brilhantemente que seu "prisioneiro" se afastasse!

Como sabemos, assustado diante da reação do povo em peso, o Governador voltou atrás; o querido "padre santo" foi alcançado; a Cidade pode dormir tranquila na posse do seu tesouro maior.

No ano seguinte de 1781, o orgulhoso Dom Martim Lopes foi deposto. Diz Maristella: "Triste celebridade a sua, alcançada

Igreja de São Francisco – São Paulo

à custa da tirania, e que lhe valeu extraordinários sobressaltos depois de demitido. Mandou a Rainha D. Maria I que o desembargador Antônio Diniz da Cruz e Silva lhe tirasse a residência, isto é, abrisse devassa sobre seu governo" (MS-123).

As Irmãs velaram e agradeciam vivamente diante do Sacrário!

No mesmo ano de 1781, outra séria ameaça para São Paulo perder o seu Anjo Protetor: os Superiores o nomearam para um cargo de suma responsabilidade e angustiante atualidade: ser Mestre no noviciado de Macacu e Vigário (vice-guardião) no Convento anexo. Por causa do ambiente de perseguição havia somente um noviço. Era uma agonia que culminou em 1784, com o fim do Noviciado naquele Convento por falta de vocações. Será que a Província Franciscana esperava um milagre da parte de Frei Galvão? Em todo caso, obedecer ele obedeceria, se o próprio Bispo de São Paulo não tivesse retido com ele as chamadas letras obedienciais.

Em si, o Senhor Bispo não tinha poderes pessoais para segurar Frei Galvão em São Paulo. Seqüestrou os documentos da transferência e apelou para os Superiores do bom Frade Menor, declarando que assim procedia "por conjecturar a amargura que todos os habitantes de São Paulo experimentariam na ausência deste Padre, que logo que entrou na Religião até o presente dia, tem tido um procedimento exemplaríssimo, pela qual razão o aclamavam santo" (MS-123). Lembremo-nos, tratava-se de Dom Frei Manuel da Ressurreição, ele também franciscano. Frei Manuel não estava imaginando o amor dos paulistanos pelo seu santinho. Ele mal acabara de presenciar a Cidade levantar-se para defender Frei Galvão. Levantar-se-ia de novo!

E assim São Paulo novamente aprisionou seu amado Padre Galvão.

Mas um homem do porte de Frei Antônio de Sant'Anna Galvão, não poderia ficar definitivamente esquecido. Ainda mais que a Província Franciscana enfrentava crise sempre mais aguda da falta de frades a quem confiar os cargos mais importantes de suas Casas. Por isso, não demorou muito, em 1789, o nosso Frei acabou nomeado Guardião do Convento de São Francisco em São Paulo mesmo.

A um primeiro tempo, tudo alegria! Mas logo as Irmãs começaram a se apavorar: o querido Fundador continuava a ser tudo para elas. Quase certo: diante das novas atribuições, seria substituído por alguém bem limitado na sua dedicação ao Mosteiro, o que alteraria profundamente seu próprio modo de viver. Arrasadas diante desta perspectiva, recorreram ao pai maior, o Senhor Bispo Diocesano, e à própria Câmara (senado) da Cidade, representantes do povo e amigos do Mosteiro. Todos se condoeram das Irmãs. Talvez até refletissem: feito Guardião, Frei Antônio seria vogal ativo e passivo nas eleições seguintes de sua Província. Quase certo seria eleito para cargos mais elevados e então teria mesmo de deixar São Paulo!

Já não era mais pastor o Bispo franciscano Dom Manuel, mas seu sucessor Dom Mateus de Abreu Pereira. Tanto melhor para testemunhar sobre a personalidade e a importância de Frei Galvão. E de novo, tanto o Diocesano quanto o Poder Legislativo, atentos ao sentir das Irmãs e da Cidade, remeteram aos Superiores do Padre Galvão documentos que clamam bem alto sobre a integridade e santidade do como que "idolatrado" Fradezinho da Luz. De fato, julgamos que não há outro critério que explique tal fenômeno na vida de um homem além da santidade! O documento da Câmara se encontra na íntegra em nosso Apêndice (p. 153).

Desta vez, tudo redundou em maior trabalho para o Servo de Deus: o Padre Provincial negou-se a desligá-lo do cargo de Guardião. E do diálogo entre as partes, para que ninguém sofresse mais, só restou ao heroico Franciscano, acumular trabalhos: assumiria ao mesmo tempo a guardiania e a capelania da Luz! Numa idade em que tantos só pensam em aposentar-se.

Dessa forma, Frei Antônio de Sant'Anna continuou preso a São Paulo.

Exerceu dois períodos de guardianato. Corria o ano de 1802, quando se criaram condições favoráveis à sua eleição para Definidor da Província, ou Conselheiro Provincial. Era Provincial Frei Antônio de São Bernardo Monção, companheiro de noviciado de Frei Galvão em Macacu. Ele desejava sinceramente a eleição do confrade amigo para Definidor. Mas havia uma barreira insuperável: se eleito, o querido colega deveria morar no Convento de Santo Antônio do Rio de Janeiro. Coisa impossível humanamente, uma vez que Padre Galvão era, em definitivo, prisioneiro de São Paulo. Que fazer então?

Aconteceu pois o inédito ou, em todo caso, o que é raríssimo na história dos franciscanos: mediante documento solene, o Provincial apela ao Senhor Núncio, representante do Papa, que conceda ao humilde Frei Antônio de Sant'Anna Galvão o privilégio de Definidor honorário!!!

O Núncio deve ter ficado aturdido com a solicitação do Provincial e profundamente tocado em vista do entusiasmo dos frades pelo já famoso "prisioneiro de São Paulo". A 9 de abril veio a concessão do Núncio, frisando, todavia, que era só por aquela vez! No dia 22 de outubro, diante de seus alegres confrades reunidos em Capítulo, na presença do felicíssimo Provincial Frei Antônio, sinceramente constrangido, Frei Galvão recebe a honraria, ou melhor, o cargo, que por direito líquido, lhe cabia, mas que a sua condição de prisioneiro de São Paulo o impedia de assumir de fato (MS-130).

Não era a primeira vez que Frei Antônio se via assim justamente honrado pelos confrades. Em 1796 já recebera o título honorário de guardiania. Não perdia por isso sua habitual modéstia e seu espírito de serviço.

128

Será mesmo que "ninguém é profeta na sua terra"? Os fatos, bem documentados, profetizam... Quem tem ouvidos para ouvir que ouça!

7. De novo a trama da Imaculada

a) Frei Galvão imaculista (concepcionista)

No início deste livro apresentamos este filão mestre da vida e das obras de Frei Antônio de Sant'Anna Galvão. Agora, acompanhando já o crepúsculo da preciosa existência do Santo Homem, precisamos voltar atrás, redescobrir e realçar esta trama divino-humana no prolongado, persistente e fidelíssimo testemunho de nosso querido Frei.

Recordemos: a espiritualidade imaculista (concepcionista) estava em voga na época do nosso biografado. O dogma da Imaculada Conceição ainda não havia sido proclamado. Era, pois, considerável o número de fiéis e devotos de Nossa Senhora que se organizavam a seu modo, a fim de orar e se empenhar pela oficialização solene de tão honroso privilégio para a Mãe do Filho de Deus, nosso Redentor.

Assim, surgiram as Irmãs Concepcionistas, fundadas por Santa Beatriz, recentemente canonizada (p. 156). Os franciscanos, por sua vez, fiéis à honrosa tradição imaculista de sua família religiosa, por ocasião do compromisso dos votos, faziam também seu juramento: "Prometo e juro por estes Santos Evangelhos de defender, até dar a própria vida, a conclusão em que confessamos que a Virgem Maria Nossa Senhora foi concebida sem pecado original e dele preservada pelos merecimentos de Nosso Senhor Jesus Cristo, seu Santíssimo Filho" (MS-30).

Desde o berço, o pequeno Antônio teve nos pais um testemunho vivo e marcante de amor a Deus sobre todas as coisas e cuidadosa e vigilante detestação de todo pecado, de toda imperfeição. A família era consagrada a Sant'Anna, a mulher escolhida para ser tabernáculo da conceição imaculada da futura Mãe de Deus, cuja imagem figurava no oratório particular. Entre os jesuítas, pela doutrinação, sua nobre inteligência se abriu à compreensão e consequente solidificação do precioso ideal e colimar. Entre os franciscanos, abrasou-se diante da harmonia do plano e do querer de Deus, ele mesmo "imaculado", que desde a eternidade, antes mesmo da formação do mundo universo, nos predestinou a sermos santos e imaculados diante d'Ele, *por amor*! (Ef 1).

Assim embalado, o Servo de Deus ter-se-á preparado com extrema seriedade para o juramento imaculista, ao lado dos votos religiosos. Possivelmente buscou fundir os dois atos numa única síntese. E tudo indica que tal processo interior se concluiu com a *Cédula de Escravidão*.

b) A Cédula, compromisso unitário

Julgamos acertar quando afirmamos que a *Cédula*, além de ser a fusão do juramento com a *Regra e Vida* franciscana e seus correspondentes votos religiosos, é também uma edição mais ampla e detalhada do próprio juramento. Tentemos prová-lo:

Numa lógica férrea, que era a de Frei Galvão, "prometer e jurar dar a vida" pela verdade da imaculada conceição de Maria, significava abraçar como compromisso maior da existência o ideal imaculista, concepcionista: dar tudo, fazer tudo para ser também imaculado!

Ora, ser imaculado diante de Deus e das criaturas é restaurar o homem criado à imagem e semelhança de Deus, criado para apresentar-se "imaculado" diante de Deus, *no amor*. Isto só é possível em vista "dos merecimentos de Nosso Senhor Jesus Cristo, Santíssimo Filho de Deus", no amor do Espírito Santo (ver o texto do juramento e da *Cédula*).

Acontece que tais verdades são o resumo do Evangelho, sobre os quais Frei Galvão devia "prometer e jurar". De outro lado, o compromisso dos votos religiosos, ou seja, a *Regra e Vida* de São Francisco de Assis é, como afirma o próprio Seráfico Patriarca, a "medula do Evangelho" de Nosso Senhor Jesus Cristo.

Os votos religiosos são especificamente os de obediência, pobreza e castidade. Fazendo-se escravo da Imaculada, ela mesma modelo vivo do homem sonhado por Deus, Frei Galvão se faz livremente obediente como seu escravo bom e fiel; livremente pobre e desprezado como um escravo; puro, transparente, imaculadamente exclusivo da Rainha! É conferir o texto da *Cédula*.

Como tudo isso só é possível e compreensível à luz da fé, esperança e caridade, virtudes que nos são comunicadas pelo Batismo, no fundo, em resumo, Frei Antônio de Sant'Anna Galvão buscou viver plenamente, radicalmente este compromisso cristão basilar. Não multiplicou compromissos na sua vida!

Resumindo: a *Cédula* contém as expressões e o espírito do juramento imaculista e consequentemente encerra o mesmo radicalismo evangélico que a *Regra e Vida* exprime de modo franciscano.

c) "Outras" da Trama da Senhora

É bem significativo o comentário de Maristella: "Como teria a Virgem recebido esta doação de seu querido filho? Mostram os fatos que a aceitou com o mais terno agrado. Incumbe o amoroso Escravo de lhe construir um santuário no qual "para sempre será engrandecido seu santo Nome". Prende-o de tal maneira a seu serviço, que ainda depois da sua morte, repousará, quiçá, até o dia da ressurreição universal, ao pé de seu altar, sob o doce olhar de sua sagrada imagem".

Assim seria honrado pela sua Rainha o devotadíssimo Escravo Frei Antônio de Sant'Anna Galvão, franciscano, filho da Província da Imaculada Conceição.

É natural que entre a *Cédula* e a morte do seu heroico signatário, tenham ocorrido muitas "outras" na Trama da Senhora... Apesar de parcamente documentados a respeito, vejamos o que é possível no momento.

Antes do mais, convém lembrar que o ideal da Escravidão é de origem concepcionista, como bem o demonstra Maristella (MS-40).

Se remontarmos às origens do Recolhimento, vale recordar que na sua carta ao Capitão-General solicitando amparo à fundação, a Irmã Helena, certamente orientada por Frei Galvão, apresenta sua súplica em nome da Imaculada: "... e juntamente a causa que me obriga, que é a maior honra e glória de Deus e de sua Mãe e Senhora Nossa Maria Santíssima, a cujo amparo me acolho, com a humildade da mais vil escrava, e peço pelas dores da mesma Senhora, pela sua Imaculada Conceição, pelas chagas de Nosso Senhor Jesus Cristo..." (MS-54).

De sua parte, Sor Myriam também atesta que desde sua origem, o Recolhimento era consagrado à Imaculada (MS-95).

Existe ainda a preciosa informação de como o próprio Frei Galvão se referia, carinhoso, à sua Fundação na linguagem corrente: para alguém que pensou mal de Frei Antônio, vendo-o entrar em casa de gente rica, disse o Servo de Deus: "Meu irmão, não faça juízo temerário do próximo! Eu não vim aqui para adular o dono desta casa, mas unicamente pedir uma esmola para o Recolhimento de Nossa Senhora da Conceição" (MS-97).

No *Estatuto* que ele mesmo formulou para as Irmãs, Frei Galvão as chama de "Recolhidas da Conceição da Divina Providência". No mesmo Documento, assim descreve os hábitos das Religiosas: "Os hábitos exteriores e túnicas interiores devem ser de cor branca, símbolo da pureza que deve ornar as filhas da Santíssima Virgem em sua Conceição Puríssima". No escapulário azul "trarão fixa uma medalha ou verônica de metal pobre com a imagem da Conceição sobre o ombro esquerdo". Lado do coração![26]

Um dos acontecimentos mais notáveis da vida do nosso querido Frade Menor é a maneira como ele deu origem às, até hoje famosas, "pílulas de Frei Galvão". Já lhe conhecemos a história. Realcemos o comentário de Maristella: "Esta invocação (que Frei Galvão escreveu no papel) lembra a nossa Mãe celestial sua divina maternidade, pela qual, na suprema alegria, deu ao mundo Jesus, seu Divino Filho, tornando-se Mãe sem nada perder da pureza e integridade virginal. Imaculada, Santíssima, sobre quem não recaíra a maldição do pecado, ela merecia todos estes privilégios dos quais não podem gozar as outras mães. Lembrando-se de sua belíssima e gloriosa maternidade, parece sentir-se mais obrigada a apiedar-se e interceder por elas" (MS-163).

Por aí se prova que o santo Escravo andava sempre unido, carinhosamente atento a sua Senhora e Rainha.

Não há dúvida de que a fundação do Mosteiro de Santa Clara em Sorocaba, muito deve ao humilde e serviçal escravo, que mesmo idoso e acabadinho, se superou a si mesmo para mais uma vez honrar a Conceição Imaculada.

Cremos não forçar as coisas, ao ver de novo Maria tramando, delicadamente, ao colocar aqueles rapazes no caminho do então idoso Padre Galvão: o velhinho a tocar os sinos... os moços maliciando... Chamados a tirar o cisco do olho do Santo Homem, nada, nada encontraram... Os olhos, espelhos da alma, se apresentavam IMACULADOS!

Não estariam estes moços no jogo da trama da Imaculada para proclamarem a todos os que quisessem ouvir a absoluta fidelidade daquele que, com o próprio sangue, lhe jurara fidelidade ao ideal imaculista?

---

[26] *Escritos Espirituais,* p. 15 e 16.

8. A consumação

Pode parecer ousadia aproximar a morte de Frei Galvão daquele solene e de todo irrepetível "tudo está consumado" de Cristo na Cruz, à vista de Maria Imaculada.

Guardadas as devidas proporções, cada santo deveras autêntico, ao morrer, atinge uma semelhança com Cristo, uma forma de consumação. Para ambos, trata-se de consumar a vontade do Pai, sentido único de suas existências. Sabemos, a grande maioria dos santos não chega a derramar seu sangue, mas todos passam por aquela forma de martírio em que o querer do pecado no homem resiste até à morte ao querer de Deus. Este conflito íntimo que levou Frei Galvão a assinar com seu próprio sangue a sua *Cédula de Escravidão*. Por isso, como já vimos, ele está autorizado pela experiência própria a chamar de "martírio" a vida religiosa levada às últimas consequências, como ele mesmo parece ter feito.

Não podemos perder de vista este dado realista do testemunho de Frei Antônio, mesmo que sua morte tenha sido relativamente serena, sem maior dramaticidade.

Até à morte, o Servo de Deus, Frade Menor, foi fiel ao seu ideal de pobreza e simplicidade. Ele, que construíra um Mosteiro relativamente cômodo e espaçoso para as Irmãs, aceitou passar os seus últimos anos num recanto de uns seis metros quadrados. A cama era de taipa, rente ao chão. Nela ele passou boa parte desse derradeiro período, com licença de seus Superiores, dada a dificuldade da caminhada do Convento de São Francisco para o Mosteiro da Luz.

Todavia, toda aquela precariedade não contava para ele. O importante, o gozoso para ele, era morar bem pertinho do precioso sacrário que, com extremo carinho, dera a Jesus Sacramentado. Nisto sim, encontrava sua "aposentadoria", seus encantos. Ademais o Escravo se encontrava aos pés da sua Rainha Imaculada.

Embora cada vez mais limitado pelas suas doenças, recebia generosamente os fiéis e amigos e continuava lutando para terminar as obras do Mosteiro. Faltavam a torre a douração da belíssima igreja. Data deste período o desenho da torre que ele gravou indelevelmente na parede, em cimento, ocupando quase dois metros quadrados. Uma fotografia desse precioso documento foi felizmente reproduzida na capa do livrete que contém os escritos de Frei Galvão: *Escritos Espirituais* — Mosteiro da Luz — São Paulo.

As Irmãs, é claro, mediante escravos e amigos, não se descuidavam um instante do querido Pai e Mestre. Caprichavam na alimentação. Mas... à mesa, o santo franciscano mereceu ser honrado com a presença de comensal inesperada: uma meninina, talvez filha de cativos, habituou-se a "visitá-lo" na hora do almoço. E não era para menos: Padre Galvão lhe passava sempre o melhor dos petiscos, especialmente doces, frutas... Não adiantavam os "pegas" das Irmãs. O carinho do bom velhinho era bem maior! Voltava sempre! E bem merecia tal presença da pequenina aquele zeloso amigo da simplicidade!

Quando Frei Antônio se acamou definitivamente, então as pobres Religiosas, para aproveitar até o fim aquele preciosíssimo tesouro de doutrina e fraternal solicitude, rompiam de tempos em tempos o rigor da clausura, para se acercarem sedentas do amantíssimo Pai e Mestre... Quanta emoção, quanta elevação, quanta lágrima!

É certo que a clareada libertadora de 7 de setembro de 1822, mobilizou o já quase agonizante coração de Frei Antônio de Sant'Anna. Ele que vivera a fundo as desesperanças e esperanças do seu tempo, terá vibrado na expectativa de dias melhores para a Igreja e sua querida Província Franciscana da Imaculada Conceição, também agonizante. Ele mesmo profetizara esta agonia. Se a Independência decepcionou neste sentido, lá da glória, anos depois, ele exultou de alegria, acompa-

135

nhando a sua vigorosa restauração. E é esta mesma sua querida Província que agora se mobiliza para colocá-lo no altar, tendo à frente da Arquidiocese de São Paulo um eminente filho seu, na pessoa do Cardeal Dom Frei Paulo Evaristo Arns. E para suma alegria de todos os que amam Frei Galvão, este mesmo Senhor Cardeal-Arcebispo mudou sua residência oficial, indo morar exatamente ao lado do Mosteiro da Luz dando à sua nova moradia a felicíssima designação de Residência Arquiepiscopal Frei Galvão! A Arquidiocese que tanto prendeu Frei Galvão agora se encontra firmemente presa a ele!

Dezembro de 1822... pelas dez horas da manhã... Confortado pelos Sacramentos da Santa Igreja, adormeceu placidamente no Senhor... passou para o Pai!

Estavam presentes: o Padre Guardião Frei João do Espírito Santo, o Padre Mestre Frei Inácio de Santa Justina, Frei Antônio de Assunção, Padre Joaquim Ribeiro, Padre Joaquim Francisco de Abreu e o Padre Francisco de Assis Ribeiro.

9. A sepultura dos santos, manancial de ressurreição e de bênçãos

É promessa solene de Nosso Senhor Jesus Cristo e ao mesmo tempo um claro desafio para todos nós: o Senhor afirmou que aqueles que acreditassem Nele, fariam sinais, milagres ainda maiores que os dele. E isto se cumpre desde os primórdios da Igreja, na vida dos santos e sobretudo depois de sua morte. Frequentemente, a sepultura dos santos se torna manancial de ressurreição e de bênçãos para os filhos da Igreja. Ressurreição, porque muitos se convertem para a vida do Senhor diante dos sinais operados e inúmeros são os que colhem todo tipo de bênçãos. Fenômeno semelhante ocorreu e ocorre com Frei Antônio de Sant'Anna Galvão.

Os sinos de Frei Galvão dobraram tristonhos... Não era mais o toque firme e alegre com que o próprio Padre, já velhinho, convocava os fiéis. Todos os habitantes das redondezas o perceberam. E como sabiam que o queridíssimo Irmão de todo mundo andava bem mal de saúde, não foi difícil decifrar aquela mensagem de finados: Padre Galvão morreu! Morreu o Padre Galvão! E foi eletrizante o contágio daquela notícia, esperada sim, mas longe de ser desejada, e, por conseguinte, repelida! Não pode ser! Não é possível! Tenho que ver, verificar pessoalmente! E toda São Paulo, qual uma família só, sem discriminações, acorreu ansiosa e angustiada aos pés do santo Pai. E verificaram a cruel realidade: a Irmã Morte levara o bom Frei!

O Padre Guardião do Convento de São Francisco estava presente e lhe cabia tomar providências para o devido sepultamento. O normal seria levar o corpo para sepultá-lo no cemitério do Convento, junto aos seus confrades já falecidos... Mal teria ele manifestado este propósito e percebeu que isso não seria tão simples assim. Tanto as Irmãs, extremamente chorosas, quanto "os povos" vizinhos logo fizeram sentir que, de maneira alguma, pensavam em tal perda. Possivelmente o Guardião já previra este impasse. Por isso, oficia prontamente ao Senhor Bispo, pedindo autorização para sepultar o venerável corpo no recinto do Mosteiro. Por uma série de circunstâncias, o lugar escolhido acabou sendo aquele que mais interessava à Trama da Imaculada: o Escravo querido, Frei Antônio de Sant'Anna Galvão, repousaria honro-samente "sob o olhar de sua Rainha, a Virgem Imaculada, sob a luz que ilumina o Tabernáculo" informa Maristella (MS-195).

O venerável corpo foi exposto àquela gente toda que não parava de desfilar. Ninguém pôde conter a extravasão do afeto quase desesperado daqueles verdadeiros órfãos espirituais e também materiais: três hábitos foram "carinhosamente" espicaçados em minúsculas e preciosas relíquias que literalmente invadiram os lares paulistas como penhor de bênçãos, que de fato choveram e continuam a chover. O mesmo fenômeno se verificou no interior da Capitania onde houvesse alguma peça piedosamente ligada ao Servo de Deus.

Celebrou-se a soleníssima Eucaristia de *Réquiem*, como se dizia na época, com plena e sentida participação "dos povos" e sobretudo das desoladas Irmãzinhas, inconsoláveis. Foi quando aquele templo belíssimo, sonhado e duramente construído por Frei Antônio de Sant'Anna Galvão se manifestou deveras na plenitude de seu esplendor.

Entre orações, lágrimas, cânticos e comoventes elogios, pouco a pouco se desenvolveram as cerimônias da Encomendação, até a emocionante colocação da singela lápide de cimento, com carinhoso epitáfio em latim. Eis a tradução: "Aqui jaz Frei Antônio de Sant'Anna Galvão, ínclito fundador e reitor desta casa religiosa, que tendo sua alma sempre em suas mãos, placidamente faleceu no Senhor no dia 23 de dezembro do ano de 1822".

Consumou-se desta forma um longo e fiel testemunho de vida religiosa: 84 anos!

Quem escreve estas linhas dá testemunho: há uns 50 anos conhece esta sepultura como manancial perene de ressurreição e de bênçãos que se irradiam um pouco por todo nosso imenso Brasil!...

VII
CAMINHANDO PARA A GLÓRIA

1. Introdução

Tentamos apresentar Frei Galvão à luz da *Regra e Vida* de São Francisco de Assis. A rigor, bastaria demonstrar que ele viveu fielmente e heroicamente uma *Regra* de vida religiosa aprovada pela Igreja para ser considerado um santo. Todavia, dado que atualmente todos os processos de beatificação têm que ser examinados tanto à luz das virtudes teologais quanto das virtudes morais ou cardiais, não nos custa dar nossa contribuição no sentido de apressar, ao máximo, a caminhada do Servo de Deus para a glória da beatificação e posterior canonização. Por isso, a título de colaboração, vamos ao menos abrir uma pistas nesta direção.

Recordemos inicialmente: as virtudes cardiais são, entre as que se referem ao exercício da vontade humana, as quatro principais entre as muitas virtudes morais.

Principais por quê? Porque deles dependem (pendem) em grande parte, as outras virtudes: elas sustentam as outras como os gonzos sustentam o conjunto de um portal: o portal para a verdadeira vida. As quatro virtudes cardiais são: a prudência, a justiça, a fortaleza e a temperança[27].

---

[27] *Brevior Synopsis Theologiae Moralis*, Tanquerey, 12ª ed., Desclée.

2. A Prudência

A prudência nos leva a formar uma consciência habituada a julgar retamente sobre a honestidade de nossas ações, para bem chegar ao fim a que nos propomos, sobretudo ao fim último de nossa existência.

Levando em conta este conceito da primeira virtude cardeal, evoquemos Frei Galvão, que, embora colocado num ambiente hostil a tudo o que ele sonhava e queria, muito e muito realizou na sua longa existência, graças à sua altíssima, judiciosa e jamais covarde, prudência. O Mosteiro da Luz, como edifício e como "viveiro de santas" bem o testificam. E não menos a Fundação de Sorocaba.

E o que mais encanta é que este homem, exatamente por causa do seu dinamismo prudente, conquistou a hierarquia da Igreja, os seus confrades, "os povos" da Capitania de São Paulo e as próprias autoridades civis. É lembrar a riquíssima carta da Câmara e a amizade do Mosteiro com o casal Imperial.

Ao nosso ver, tudo o que se puder alegar em favor da prudência de Frei Galvão ficará dentro desta moldura que coloca o Servo de Deus concretamente no momento histórico em que viveu.

Nos seus *Escritos*, tão parcos, infelizmente, se percebe o homem que não se precipita; estuda, consulta, orienta em geral de um modo objetivo, de acordo com as Escrituras ou com a Mãe Igreja da época. Assim, forma as Irmãs sobre "visões" e "revelações"; assim ao se despedir das Monjas quando brutalmente expulso, nada de expansão pessoal; assim nos seus *Conselhos*. Demorou anos para dar ao seu Mosteiro o devido *Estatuto*: observou, testou, estudou, consultou muito. Só então, juntamente com o Senhor Bispo, decretou. E formou realmente pedras vivas da Igreja de Deus e de São Paulo![28]

---

[28] *Escritos Espirituais,* já cit.

Na sua *Cédula*, Frei Antônio de Sant'Anna Galvão se revela verdadeiro estrategista militar em plena "batalha". Trata-se de um autêntico e bem orquestrado ato prudencial. Vejamos: há um fim a colimar: "perdão de minhas culpas, reduzindo-me à vida perfeita até à morte, para que nessa glória vos louve e dê graças eternamente", juntamente com a plenitude da Comunhão dos Santos. Meios para chegar a tanto: os votos, o juramento imaculista, condensados na *Cédula*: "o mais perfeito das virtudes" — se exprime Frei Galvão. Todavia, como bom militar, prudentemente e objetivamente ele descobre que, no fundo, a luta é "contra o inimigo do gênero humano" e ele mesmo, sozinho, é "frágil", "miserável", que "sente na parte inferior do seu ser a lei repugnante de seus membros..." Tudo bem calculado, não é prudente se arriscar sozinho! É possível unir-se a alguém que já venceu objetivamente esta batalha: a Imaculada, cujos pés pisarão definitivamente a cabeça do dragão! Então, prudentemente se fez escravo de tal Rainha, para vencer com a força dela. E para que ele mesmo não possa eximir-se da parte que lhe cabe neste compromisso, toma os Santos por testemunhas e lhes roga a proteção, eles também já vitoriosos. O seu lado pessoal, empenha simbolicamente a própria vida, assinando como o próprio sangue!

E esta palavra se humanou e gerou o Santo!

3. A Justiça

É um tratado altamente complexo e difuso. Vamos ao essencial. Como virtude cardial a justiça é aquela inclinação da vontade que a leva a dar para cada um o que lhe cabe por direito.

Como se vê, esta virtude supõe ao menos duas pessoas. Quando a outra pessoa é Deus, então o relacionamento do homem com o divino se chama religião. Sobre esse aspecto da justiça, já analisamos o testemunho de Frei Galvão ao demonstrar como ele viveu as bem-aventuranças. Resta-nos, pois, verificar se ele praticava a justiça com o próximo.

Quanto ao relacionamento dele com as autoridades eclesiástica e civil, temos a favor dele os mais eloquentes testemunhos, como já foi dito. Mesmo quando expulso injustamente, obedeceu! Mas por outro lado, defendeu quanto pôde o direito de Caetaninho à vida e à honra.

Com seus iguais, os confrades, pelos documentos já analisados, tudo indica que Frei Galvão procurava dar a todos o devido respeito, cumprindo bem a parte que lhe competia fazer para o bem da Comunidade.

Com as Irmãs, subalternas, conseguiu, pelo que consta, um ambiente fraterno e até alegre. Com os operários e escravos, não admitiu abusos que os lesassem e pagava o que devia.

Com os pobres, em vez de lançá-los contra os ricos, procurava ser ponte entre eles para que não se alargasse o fosso que os separava.

Para consigo mesmo, rigidíssimo cumpridor de seus deveres. Lidou longamente com bens alheios, milhões! Não há notícias de comentários desfavoráveis a ele. Pelo contrário, sabemos que pagava escrupulosamente o que devia e até as dívidas dos pobres. Dedicou-se ao saneamento da administração da Ordem Terceira para melhor cumprir deveres de justiça e religião.

Quanto a seus *Escritos*, pelo *Estatuto*, demonstra maduro senso de justiça, organizando a "sociedade" monacal, estabelecendo a autoridade, as várias funções, os mútuos relacionamentos entre a base e o vértice, o devido uso dos bens em forma comunitária, tudo num sadio equilíbrio de direitos e deveres. Nos *Conselhos*, há muita matéria de justiça. Realcemos o capítulo 6, onde defende veementemente o direito de cada um à boa fama, combatendo a murmuração, o julgar os outros, recomendando orar pelos faltosos. No capítulo 28, escrupulosamente recomenda não aceitar presentes maiores de crianças e de escravos, porque pode ser coisa alheia, já que escravo e criança em geral, nada possuem."[29] (Em criança, ele mesmo dera à pobre, rica toalha da mãe!)

Na *Cédula*, Frei Galvão, de modo assaz eloquente, demonstra o quanto apreciava a virtude da justiça: suplica "o ardor da piedade de Maria" para "desejar o mais justo". É lembrar que a verdadeira piedade nos relaciona bem com Deus e com o próximo. Muito belo!

No mesmo documento, de um modo quase escrupuloso, detalha as aplicações dos seus possíveis merecimentos, num realismo de quem distribuiu milhões a herdeiros muito queridos!

4. A Fortaleza

Trata-se da virtude cardial, cujo exercício revigora a vontade de tal forma, que ela se torna capaz de perseverar na busca de um bem mais difícil de se obter, e não recua mesmo diante de perigo de morte.

Filho de forte, Frei Antônio de Sant'Anna Galvão não nasceu para ser fraco! Para só lembrar o que vem documentado na sua história, era preciso ser um forte para enfrentar com brilho o Seminário dos jesuítas... um forte para abandonar aquela sua família, bens, frutos, a fim de fazer-se frade menor... Como um forte, ele não permitiu que caísse na vileza da rotina a sua profissão franciscana nem o juramento imaculista até à morte. Como um forte, ele transformou a modesta portaria do Convento numa arca de salvação e paz para quase toda São Paulo.

---

[29] *Escritos Espirituais,* já cit.

Como de um forte, seu ímpeto, seu zelo de pregador não se conteve entre as paredes da igreja conventual, mas, bandeirante de Cristo, se tornou Apóstolo da Capitania, enfrentando mil perigos e fadigas. Como um forte, não restringiu o seu ofício de confessor a meros bons conselhos à Irmã Helena, mas concretizou os sonhos dela, uma vez convencido da vontade de Deus, realizando a mais imponente e duradoura obra física e formadora da história religiosa de São Paulo!

E isso tudo, num ambiente agressivo, semeado de ciladas e perigos! É lembrar apenas o fechamento brutal do Conventinho recém-nascido e sua própria expulsão: que fortaleza!

Foi magnânimo na construção do Convento. Foi magnífico na construção da igreja da Luz, particularmente seu tabernáculo. Ele sozinho, o despojado frade menor!

Nos seus *Escritos*[30], revela a magnanimidade do seu espírito indicando às Irmãs as grandes intenções da Eucaristia. A carta que escreveu na hora mesma do exílio injusto, é de um gigante da paciência, plenamente senhor de si, recomendando às Irmãs que fossem fortes! Logo no início do Estatuto que deu às Monjas, não esconde que ser religiosa é somente para fortes: "São casas abundantes de penalidades, onde se alcança a coroa de um prolongado martírio". Os seus *Conselhos* recomendam o sofrimento silencioso e obsequioso, como sinal de autenticidade no seguimento de Cristo, coisa de forte para fortes! Volta ao assunto, sob outro aspecto, no capítulo 33.

Todavia, no regime do Reino, a batalha decisiva é sempre a batalha interior, no íntimo de cada um. Frei Galvão poderá ter realizado coisas ainda mais grandiosas, mas tudo fora zero para o Reino se ele perdesse a batalha interior. E andava bem cônscio disso o nosso Frei. Seu juramento de dar a vida se ne-

---

[30] *Escritos Espirituais,* p. 9, 10, 15, 33, 39.

cessário, pela Imaculada, o levou à dura experiência de viver imaculado, num mundo maculado, mediante um instrumento também maculado, qual o ser humano. Experiência trituradora até ao sangue! E com sangue ele a selou! Gesto de Fortes!

Não é isso que encontramos na sua *Cédula*?

5. A Temperança

É a virtude que refreia o apetite dos prazeres sensíveis de modo que a vontade jamais se afaste do bem honesto, por causa deles.

À temperança estão ligadas muitas outras virtudes: a abstinência, a sobriedade, a castidade... Quanto a temperança domina o apetite do amor próprio, ela é humildade. Quando domina a ira, é mansidão.

A castidade, por sua vez, envolve um sem número de colocações.

Com esta breve introdução, ficamos cientes de que tratamos. Procuremos a temperança no testemunho de Frei Antônio de Sant'Anna Galvão.

Pelo que já sabemos, o Servo de Deus era a temperança em pessoa, vivendo no cotidiano a austeridade que seu hábito franciscano proclamava, e os votos que seu cordão de frade simbolizava.

Comida e bebida? Pelas informações que temos, talvez se arriscasse a pecar, mais por exageros penitenciais... Quando recolheu as migalhas de pão que crianças displicentemente deixavam cair no chão e as comprimiu na mão, fazendo brotar sangue, que sagrado apreço demonstra pelos bens criados, autênticos dons do Pai! De outro lado, não estaria querendo lembrar o sangue dos escravos, trabalhadores do campo, sacrificados até o pelourinho?... Por causa de comida e de bebida, jamais Frei Galvão se afastou de seus objetivos superiores.

Seminário Frei Galvão – Guaratinguetá

Tato? Roupas rudes; cama que pouco se diferenciava do chão, até à extrema velhice.

Castidade? Durante decênios em contato familiar com as Irmãs, em contato com as famílias, em viagens que o libertavam da vigilância alheia, e nunca, pelo que se sabe, nunca se levantou a menor suspeita sobre seu proceder em relação à castidade. Pelo contrário, crescia sempre mais o clamor "dos povos": é um santo! É um santo! E sabemos que a sabedoria popular quando canoniza assim, leva em conta, preponderantemente, a formosa virtude da castidade.

Humilde? Manso? Como resposta, é bom reler o que se diz sobre Frei Galvão e as bem-aventuranças.

Discorrendo sobre as "visões", Frei Antônio ensina que quando elas procedem de Deus, então nos fazem humildes: "... deixam grande conhecimento da própria vileza, deixam amor às virtudes, desprezo do mundo e de si próprio". Neste mesmo documento, o Autor, a partir, certamente, da sua experiência, recomenda que as Irmãs rezem a Jesus sacramentado "para que Deus nosso Senhor levante aos pecadores com seu poderoso braço do miserável abismo das culpas em que estão caídos, para que sustente, com seus piedosos ombros aos que estão de pé em sua graça..." Que percepção concreta e humilde de total dependência da graça!

Na carta do exílio, roga humildemente, castamente: "Peço a todas que perdoem as minhas imprudências, que nunca fiz por mal, Deus sabe". Que limpidez! Não foi frase forjada, artificial. Naquela emergência, foi transparência pura de uma alma imaculada, que clama a Deus por testemunha e se desculpa por gentileza, por saber-se imperfeita[31].

---

[31] *Escritos Espirituais,* p. 9, 10.

Se prosseguirmos assim, analisando os poucos escritos de Frei Galvão, ultrapassaremos facilmente os limites deste trabalho.

E a *Cédula*? Ela documenta ao vivo que para o Servo de Deus Frei Antônio, também vale aquela famosa verificação de São Paulo de Tarso: "A virtude se aperfeiçoa na fraqueza", ou melhor "é na fraqueza que o meu poder se manifesta" (2Cor 12,9). Realmente, Frei Galvão reconhece sua fraqueza de um modo concreto e sincero: Ele é um "vil servo"... "vilíssima criatura, sinto a lei repugnante de meus membros contrária à do espírito, que me retarda e embaraça..." Não consegue, como devera "resistir às tentações, o que não desejo de vontade". É um panorama dinâmico, altamente tensional. O seu eu, que é NADA, que é vil, ousa querer o TUDO que é Deus. Isso não é pacífico, mas intensamente tensional: se o BEM de Deus o atrai, o mal do demônio não o deixa em paz, levando-o a fazer o que categoricamente "não deseja"! E nisto a sua fraqueza, a sua vileza. Todavia, não se desespera, não desiste! Acata serenamente a verdade do seu NADA, faz-se escravo da Imaculada, e, na força dela, na imitação e no seguimento dela, se lança confiante na busca do TUDO de Deus!

Realmente, "é uma fraqueza que meu poder se manifesta!"

VIII
APÊNDICE

1. Textos escolhidos

a) Cédula irrevogável de filial entrega a Maria Santíssima, minha senhora, digna Mãe e Advogada

Saibam todos quantos esta carta e cédula virem, como eu, Padre Antônio de Sant'Anna, me entrego por filho e perpétuo escravo da Virgem Santíssima Maria Senhora, com a doação livre, pura e perfeita de minha pessoa, para que de mim disponha conforme sua vontade, gosto e beneplácito, como verdadeira Mãe e Senhora minha. E vós, soberana Princesa, dignai-vos de aceitar esta minha pessoal venda, e filial entrega, não duvideis em admitir ao vosso serviço este vil servo, que por isso não desmerece a vossa grandeza, antes ficará de todo engrandecida, com sublimardes à dignidade de servo vosso esta vilíssima criatura. Nas vossas piedosíssimas mãos entrego meu corpo, alma, entendimento, vontade e todos os mais sentidos, porque de hoje em diante corro por vossa conta e todo sou vosso. Em meu coração arda sempre o fogo da vossa piedade e acenda-se para desejar o mais justo, o mais puro, o mais perfeito das virtudes. Assisto sob vosso olhar, porém na parte inferior sinto a lei repugnante de meus membros a do espírito que me retarda e embaraça. Temo, Senhora, que me impeça o bem que desejo, porém, vós, piedosíssima Senhora, assisti-me e socorrei-me como o vosso discípulo, ajudai-me como a vosso filho, obrigai-me como a vosso servo, quando eu tardar em resistir às tentações. Não desejo fazê-lo voluntariamente, porém cairei de fraqueza, o que não permitais, para que não se glorie o inimigo do gênero humano e não alcance vitória desta batalha e que de vossas mãos arrebate meu corpo e alma pela humana fragilidade. E se eu, por miséria minha, vos deixar algum dia, o que não espero, e não haveis de consentir, pela vossa piedade antes me tireis a vida que ofender a vosso bendito Filho, meu Senhor. Não permitais fique desamparado com me expulsardes do ditoso número de vossos servos e escravos, mas antes alcanceis perdão de minhas culpas reduzindo-me à vida perfeita até à morte, para que nessa glória vos louve e dê graças eternamente. Para tanto vos ofereço desde agora todos os meus pensamentos, palavras e obras e tudo o mais meritório que fizer e indulgências que ganhar, para que apresenteis junto com os vossos merecimentos a vosso Filho Santíssimo, dispondo de todos eles conforme for vossa vontade. Se for de vosso agrado, que sejam em sufrágio pelas almas. Sejam, que também será minha vontade, a qual desejo esteja sempre unida à vossa, excetuando com licença e beneplácito vosso, alguns merecimentos e obras que eu aplicar em particular por alguma intenção, se também assim for de vosso agrado, ficando tudo o mais aplicado e por aplicar como fica dito. Esta minha intenção e determinação quero que atualmente em minhas obras sempre exista. E, para que certamente alcance o que por mim indigno desmereço, vos peço pela paixão, morte e chagas de vosso Filho Altíssimo, pela vossa pureza e Conceição Imaculada, e por todas as graças e dotes que são do vosso maior agrado. Sejam também meus intercessores o Arcanjo São Gabriel e o Anjo da minha guarda e todos os demais anjos de todos os coros angélicos; os Santos e bem-aventurados, principalmente meu Pai São Francisco, Santa Águeda, o Santo do meu nome, São Pedro de Alcântara, Santa Gertrudes, meu pai São Domingos, São Tiago Apóstolo, São Benedito, os Reis Magos, São Gerônimo, Santa Tereza, São Francisco de Borja, a minha Mãe Isabel, e irmãos, parentes e amigos, se é que todos gozam da vossa vista (como o espero e piamente suponho), e a todos os mais que é vossa vontade que eu peça em particular. Rogo a todos estes referidos Santos que orem a vós por mim e me sirvam de testemunhas irrefragáveis desta minha filial entrega e escravidão. E, para que conste que esta minha determinação foi feita em meu perfeito juízo, faço esta cédula de minha própria letra, e assinada com sangue do meu peito. Hoje, dia do patrocínio de minha Senhora, a Mãe de Deus.

9 de novembro de 1766. De minha Senhora Maria Santíssima indigno servo.

Frei Antonio de Sant'Anna

b) A carta do desterro[32]

Madre Regente e todas as Irmãs do Recolhimento da Conceição.

A Deus, em quem só devemos esperar. Tenham paciência, filhas, agora é ocasião de Vossas Caridades terem sofrimento. Tenham ânimo, pelo amor de Deus. Tenham paciência, pelo amor de Deus. Vivam unidas vivam unidas vivam unidas. Guardem a glória de Nosso Senhor vivendo na sua providência, esperando Nele só, filhas, vivam unidas, vivam unidas.

---

[32] *Nota ao lado, de outro punho:* "Esta carta, Senhor Padre Galvão escreveu de noite, estando no Braz, onde ia a caminho para o Rio de Janeiro, desterrado pelo general".

Já Vossas Caridades têm vivido seis anos, dando a Deus a glória nessa providência em que vivem, peço que vão continuando nessa vida para maior glória. Sejam fortes, confiem em Deus que não lhes há de faltar. Faltarei eu, o céu e a terra, e nunca o Senhor há de faltar. Todas tenham paciência, tenham paciência, desenganem-se do mundo, que tudo é nada. Não tenham amizades com pessoas de fora, lhes peço isso pelo sangue de Jesus Cristo. Fujam quanto puderem dos senhores seculares, que enquanto assim fizerem terão a Deus por si. Sejam honestas, não se riam muito, não falem muito alto. E, quanto aos confessores Deus há de arrumar, não se desconsolem, pode ser que Deus permita que eu brevemente venha.

Lembranças à Madre Regente, Ir. Teresa, Ir. Isabel de Sta. Ana, Ir. Maria da Conceição, Ir. Ana do Sacramento, Ir. Gertrudes de Jesus, Ir. Ana Maria do Espírito Santo, Ir. Ana de São José, Ir. Florinda, Ir. Isabel Maria, Ir. Domiciana, Ir. Mariana, que todas são minhas filhas e as amo em Nosso Senhor Jesus Cristo.

Peço a todas que me perdoem as minhas imprudências, que nunca fiz por mal, Deus sabe. Quando quiserem escrever remetam as cartas muito seguras, eu vou para o Rio de Janeiro. Tenham ânimo.

Madre Regente, eu mando pagar a seda que se tomou na loja do Senhor José Antônio do Rosário e por agora, nesses particulares, não cuido mais.

Portem-se constantes e tenham ânimo que tudo se acaba e adeus. Irmão de Vossas Caridades.

Padre Frei Antonio

c) Carta da Câmara de São Paulo

Carta da Câmara de São Paulo escrita ao Ir. Ministro Provincial Frei Joaquim de Jesus e Maria, pedindo demissão da Guardiania para o Ir. Pregador Frei Antônio de Sant'Anna Galvão.

Revmo. Pe. Me. Provincial Sr. Frei Joaquim de Jesus e Maria.

Ao mesmo tempo que cheios do mais vivo reconhecimento, vamos aplaudir diante de V. Revma. A bem acertada eleição do M. M. P. Me. Antônio Galvão do Convento de São Francisco desta Cidade, a qual recebe não pequeno lustre do esplendor, constante edificação da dita Casa Religiosa, ainda mais agora sendo presidida por pessoa tão recomendável e de tão relevantes merecimentos; contudo, nós mesmos como representantes do povo desta cidade, vamos estorvar com as nossas humildes súplicas e a rogos das Pessoas mais caracterizadas o êxito da dita eleição, porque nos insta a causa pública e o bem comum temporal e espiritual, que a tudo prefere, como recomendam as sábias Leis da nossa Augusta e Fidelíssima Rainha N. Soberana. E com ser tão pública a dita causa, nos é necessário escondê-la à religiosidade e inimitável obediência do dito Revdo. Padre, a estas horas entretido na sua oração e santos exercícios, porque receamos a sua resistência à nossa bem fundada pretensão, e às nossas humildes súplicas.

É desnecessário representar à discreta experiência de V. Revma. A suma necessidade do dito Revdo. Padre do Convento das Religiosas de Nossa Senhora da Luz desta Cidade, que se fundou e se conserva com a sua doutrina e exemplo, mas igualmente com a sua constante caridade, solicitando esmolas das pessoas devotas para concluir o Templo daquele religiosíssimo claustro, e encaminhando à sustentação daquelas virtuosas Recolhidas, as que por ele lhes envia a Divina Providência.

As ditas Religiosas fazem profissão de esperá-la e assim, sem pedirem e sem rendas vivem com exemplaríssima virtude naquele dito Claustro confiadas somente na mesma Providência que tudo pode.

Aqueles, a quem Deus move para praticar com elas sua caridade e não sabem outro nome, desconhecem todo caminho que não seja a direção econômica do dito Revdo. Padre. Por ele correm as disposições de fora e de dentro, onde elas choram e lamentam sem consolação a sua falta, dirigindo-nos súplicas que nos movem no íntimo de nossos corações fazermos esta da sua parte também além da causa pública, como temo exposto: o que fazemos interessando-nos igualmente da nossa, certificando a V. Revma. que todos os moradores desta cidade não poderão suportar um só momento a ausência do dito Religioso, quando concorrer ao Capítulo no fim do seu governo.

Este homem, tão necessário às Religiosas da Luz, é preciosíssimo a toda esta Cidade e vilas da Capitania de São Paulo; é homem Religiosíssimo, e de prudente conselho; todos acodem a pedir-lho; é o homem da paz e caridade, todos buscam a sua virtude. E como é uma virtude examinada e provada no longo espaço de muitos anos cuidam — e com razão — estes Povos, que por Ele lhes desçam as Bênçãos do Céu, e todos a uma voz rogam e pedem que lho não tirem.

Nestes termos vamos rogar a V. Revma. Com as mais incessantes súplicas, se digne conceder-nos a especial graça de ser conservado aqui este exemplar Religioso, e convenha em que ele possa renunciar à Guardiania para melhor poder acudir àquelas virtuosas Religiosas, que sem a sua frequente direção, se consideram como desamparadas, e toda esta Capitania.

A consumada e constante prudência de V. Revma. de que exigem tantas provas, juntamente com o seu piedoso e caritativo ânimo, sirvam-nos de abono às nossas súplicas, e animem a nossa esperança para conseguir de V. Revma. o fim do nosso desejo.

A Religiosíssima Pessoa de V. Revma. Guarde Deus muitos anos.

São Paulo, em Câmara, 17 de abril de 1789.

(Assinaturas.)

2. As Concepcionistas

Informação sobre esta Ordem Religiosa contemplativa, tão ligada a Frei Galvão.

Fonte: Maristella.

Consta na carta de Madre Helena ao Governador que era vontade dela moldar o nosso Recolhimento à Ordem Carmelita, mas o novo Bispo Dom Manuel da Ressurreição, franciscano, chegado a São Paulo a 19 de março desse ano, quis que a nova Comunidade se adaptasse à Ordem das Concepcionistas, aprovada pelo Papa Júlio II.

Muito prova a santidade da Serva de Deus o obedecer prontamente, sem a menor relutância, trocando assim o burel pardo do Carmelo pelo hábito azul e branco da Imaculada Conceição.

A Ordem da Conceição da Bem-aventurada Virgem Maria, chamada comumente das Concepcionistas, foi fundada por Santa Beatriz da Silva, nobre dama portuguesa, em Toledo, Espanha, no ano de 1484.

Ordem de monjas contemplativas, enclausuradas, e eram todas assim, antes do aparecimento dos modernos institutos de vida ativa, despertou logo, desde o seu nascimento, invulgar entusiasmo na Santa Igreja. Seu título e finalidade eram honrar a Conceição Imaculada de Maria Santíssima, verdade que então ainda não era definida dogma e constituía assunto de vivas discussões entre os teólogos.

Embora a crença geral dos fiéis fora, em todos os tempos, a favor da santidade original da Mãe de Deus, a Igreja, prudentemente, adiava a sua definição dogmática. Esta só se realizou em 1854 pelo Papa Pio IX, portanto, quatro séculos após a fundação da Ordem de Santa Beatriz.

(...) Seus conventos se multiplicaram em pouco tempo e, coisa curiosa, muitos mosteiros, já constituídos, deixavam a primitiva observância para abraçar a Regra da Imaculada Conceição; assim aconteceu a um de Clarissas na França e a diversas Comunidades de Terciárias Franciscanas na Bélgica.

Os Franciscanos, acérrimos defensores da Conceição de Maria, se interessaram pela nova Ordem. Estiveram presentes em seu início e, finalmente, a Santa Igreja colocou as Concepcionistas sob a sua assistência. Acreditou que eram os mais indicados para colaborarem no desenvolvimento do Instituto, cuja finalidade consiste em expressar, pela vivência e pelo espírito, o privilégio mariano de que os filhos de São Francisco se mostravam entusiastas devotos.

Esta relação entre ambas as Ordens não deve contudo, confundi-las. São distintas entre si quer pelos Fundadores, quer pelo espírito e pela vontade da mesma Igreja. O Concílio Vaticano II determina que cada família religiosa conserve sua própria personalidade e espírito específico.

Em 1774, por ocasião da fundação do Recolhimento da Luz, três dos cinco conventos femininos que então existiam no Brasil eram concepcionistas: os Conventos da Lapa na Bahia, de Nossa Senhora da Ajuda no Rio e de Macaúbas, em Minas.

Não admira, pois, que Dom Manuel da Ressurreição, o Bispo franciscano, quisesse o novo recolhimento concepcionista, e dois similares na pequena cidade de São Paulo, não parecia muito coerente.

Aliás, tudo levava a exigir que a Imaculada Conceição aí se estabelecesse: a grande devoção do Brasil à Imaculada Conceição de Nossa Senhora, o amor de seu fundador Frei Galvão pela mesma Virgem e o título tão expressivo da ermidinha da "Luz". Ora, a luz desce do céu azul e branco. Para que o convento fosse verdadeiramente da "Luz" havia também de ter o azul e branco do céu.

Em 1987, a Ordem da Imaculada Conceição contava com 154 Mosteiros, estabelecidos em 9 países. No Brasil havia 17 cenóbios seus (MS-68).

Visita do Ex-Ministro Geral dos Franciscanos Menores à Sepultura de Frei Galvão[33]

Palavras dirigidas às Irmãs concepcionistas do Mosteiro da Luz — São Paulo, 22.11.1996

Queridas Irmãs:

Quero expressar toda a minha alegria de me encontrar aqui no Mosteiro da Luz, fundação do Servo de Deus Frei Galvão, que todos esperamos ver beatificado, talvez já em 1997. Agradeço às Irmãs o grande esforço que fizeram pela Causa de Frei Galvão. Imagino que o longo e lento processo, com seus momentos bonitos e seus momentos obscuros, tenha significado também um processo de formação permanente para as diversas gerações de Irmãs que aqui viveram e vivem.

Visito-as como filhas de Frei Galvão. Visito-as como filhas de São Francisco. Quis Frei Galvão que vocês fossem contemplativas do privilégio da Imaculada Conceição, um privilégio tão querido aos franciscanos e tantas vezes defendido teologicamente por eles. Por isso Frei Galvão não quis fundar uma nova Ordem ou Congregação, mas foi buscar, dentro da família franciscana, a Ordem de Santa Beatriz da Silva, que desde 1489, ou seja, desde a primeira hora de sua fundação, quis

---

[33] Transcrito de "A Vida Franciscana, n. 70, São Paulo – *Esta visita do Ministro Geral da OFM à sepultura de Frei Glavão bem como a Mensagem às Concepcionistas já está correndo o mundo nas colunas do noticioso internacional "Fraternitas – 18" e, em breve, fá de figurar na "Acta OFM", documentário oficial dos Franciscanos Menores. Louvemos o Senhor!*

fazer de Maria, no mistério de sua Conceição Imaculada, o modelo de vida consagrada, o modelo de vivência da presença de Deus, o modelo de comportamento ilibado, o modelo de quem está permanentemente à escuta da Palavra de Deus e a encarna no seu modo de ser, de rezar e agir.

Assim como Beatriz se tornou o grão que teve de morrer para dar frutos, também Madre Helena, mãe deste Mosteiro, morreu cedo, em momento em que, no pensar humano, sem ela tudo ruiria. Mas o Mosteiro era mais que uma obra humana, embora de pessoas santas. Era obra de Deus. Na morte de Beatriz, na morte de Madre Helena está a grande lição de que não é a criatura humana quem pereniza as obras que são de Deus; é Deus quem dá vida, sustento e continuidade às obras que ele escolhe para serem marcos visíveis e palpáveis da história da salvação.

Este é o primeiro pensamento que vos quero deixar: *tenham sempre confiança em Deus e na sua Providência*. Repito-lhes o que dizia Frei Galvão às primeiras Irmãs: "Vivam a Providência Divina!" Deus é, na expressão de São Francisco, "o Bem, o Bem universal, o sumo Bem"; e deles nos vêm todos os bens e a graça de praticarmos o bem em benefício do próximo.

Coube-nos a sorte, como Ministro Geral, de assinar a Carta de Apresentação das Constituições das Concepcionistas, que entraram em vigor na Festa de Pentecostes de 1993. Lemos no artigo 119: "A Ordem da Imaculada Conceição, afiliada à Ordem dos Frades Menores, mantém uma verdadeira unidade espiritual com a Família Franciscana. As Irmãs sejam abertas para com os diversos Institutos franciscanos, mantenham com eles estreitas relações e os ajudem, como contemplativas, a viver o carisma naquilo que lhes é comum".

Posso lhes dizer que no Encontro dos Assistentes das contemplativas franciscanas, que tivemos em Assis, em setembro

159

deste ano, eu mesmo insisti sobre a reciprocidade e a complementaridade que deve existir entre nós Menores e as Contemplativas.

Reconheço que, sendo a Ordem de Santa Beatriz restringida quase só ao mundo luso-hispânico, nem sempre os livros de espiritualidade franciscana e os documentos oficiais da Ordem levaram na devida conta a importância da Ordem Concepcionista no interior da Família Franciscana, sobretudo na veneração da Conceição Imaculada da Mãe de Deus, tão cara a São Francisco e à espiritualidade franciscana.

As Irmãs Concepcionistas trazem para dentro da Família Franciscana uma riqueza de vida contemplativa própria, não estranha à Ordem, mas complementária e da qual todos nos enriquecemos. Repito o que disse em Assis: "A Família Franciscana desde suas origens nasceu múltipla e animada do sentido profundo, essencial e imprescindível da reciprocidade".

Este é o segundo ponto que gostaria de lhes dizer: *Não tenhamos medo de nos complementarmos! Sintamos a alegria da mútua-ajuda!* Somos pétalas diversas da mesma flor, que busca sua beleza, seu perfume e sua semente na seiva do mesmo tronco, no chão da mesma terrra boa, que é Cristo, o Filho de Maria Imaculada.

Em Pentecostes deste ano, escrevi aos Frades Menores, às Clarissas e as Concepcionistas uma Carta sobre a evangelização hoje. Vocês sabem que a evangelização é a razão de ser da Ordem Franciscana. Mas por evangelização entendemos mais do que pastoral, mais do que missão junto aos pagãos ou junto aos cristãos esquecidos de seu batismo, mais do que pregação. Na verdade, evangelização vem a ser sinônimo de conversão, no sentido como o entende a Sagrada Escritura, e que compreende o testemunho. A frase de Jesus: "Vós sereis minhas testemunhas por toda a terra" (Lc 1,8) é igual a "Enchei a terra com o Evangelho de Cristo", título que dei ao documento.

Mas devemos afastar o pensamento de imaginar que evangelização seja só correr as ruas e praças, ou pregar em igrejas apinhadas de gente. Há coisa importantíssima a fazer antes, e sem a qual toda pregação é estéril e nula. Refiro-me à nossa experiência pessoal de Deus. Viver a presença de Deus, encarnar em nossa pessoa, sentimentos, gestos e em nossas ações a pessoa de Jesus, seu modo de ver e fazer a vontade do Pai é a condição primeira e fundamental da evangelização. Essa vivência só a consegue a pessoa contemplativa.

Escrevi na Carta de Pentecostes: "São Francisco pregava o que contemplava. Com efeito, não há melhor preparação para a pregação do que contemplação, enquanto nos incorpora sobremaneira aos mistérios da salvação" (48). "Trabalharemos em vão se o Senhor não construir a casa", nos lembra o Salmo 126. Trabalharemos em vão, se a contemplação não for o eixo central de nossa ação evangelizadora. É neste ponto fundamental que as Contemplativas podem nos ajudar a nós, parte da Família Franciscana que corremos o mundo. Podem nos ajudar, seja recordando-nos sempre de novo que somos itinerantes contemplativos, seja somando sua vida essencialmente contemplativa à nossa atividade. Aqui está uma complementaridade prática a que não podemos renunciar.

E este é o terceiro e último ponto: *Nós precisamos do testemunho contemplativo das Irmãs!* Sejam fiéis. Amem e deixem crescer ao máximo a vida contemplativa no Mosteiro. Esta é a forma que as Irmãs têm para evangelizar! Esta é a grande ajuda que as Concepcionistas contemplativas podem dar à Família Franciscana e à Igreja.

O Senhor as abençoe e as guarde! O Senhor lhes dê sua paz!

Frei Hermann Schalück, ofm

osteiro da Imaculada Conceição – Guaratinguetá

CIRCULAR Nº 1

S.Paulo - Mosteiro da Luz, 9-12-1993

Rev.ma Madre Abadessa e Irmãs

Mosteiro ....

Queridas Irmãs, pelas poucas informações enviadas sobre a Causa de Beatificação de Frei Galvão podemos ter a impressão de que tudo esteja parado, mas a verdade é bem outra.

A secretária da Causa, Ir.Célia B.Cadorin das Irmãzinhas da Imaculada Conceição, leva avante o Processo, em Roma.

Depois do "Nihil obstat" de 6-10-1990, foi iniciada a elaboração da Biografia documentada (II volume) e a comprovação das Virtudes Heróicas e da Fama de Santidade (I volume) de Frei Galvão.

Atualmente está tudo pronto, impresso em Nápoles e já examinado e aprovado pela Comissão dos Históricos da Congregação para as Causas dos Santos no dia 9-11-1993. A seguir, os dois volumes serão ainda examinados pela Comissão dos Censores Teólogos e a Congregação dos Padres Cardiais e Bispos. Se tudo for aprovado nestas duas Comissões, o nosso querido Frei Galvão receberá o título de "Venerável".

Enquanto os trabalhos de exame prosseguem em Roma, aqui no Brasil estão sendo levantados os documentos de graças - as mais importantes - para se consideradas dignas ao menos uma será escolhida para devidamente ser preparado o Processo.

Irmãs queridas, conhecendo o iter ou os passos que devam ser dados e sabendo da devoção e carinho que nutrem pelo nosso Fundador bem como o desejo de ver Frei Galvão elevado às honras dos altares, desejamos lembrar que esta graça devemos merece-la pela nossa oração. Com esta circular, vimos solicitar mais oração, penitência e sacrifícios para que tudo corra bem e tenhamos a graça de ver nosso Frei Galvão declarado Bem-aventurado.

Na certeza da fraterna participação, aproveitamos para enviar a todas as BOAS FESTAS de Natal e os votos de um FELIZ 1994, juntamente com o nosso afeto e abraço fraterno,

09/07/96 - Foi aprovado pela Comissão dos Censores Teólogos, (já +) Madre Maria Gertrudes de Jesus IPIP.

Madre Abadessa

3. Formas de veneração

Pelo que sabemos, a veneração a Frei Antônio de Sant'Anna Galvão jamais teve um comando, uma coordenação, a não ser a publicação "Orvalho Celeste", a cuidados do Mosteiro da Luz, que se limita a publicar as graças recebidas. O que existe, é deveras uma geração espontânea, fruto do carinho de amigos e "dos povos", como se dizia nos tempos do Servo de Deus. Tanto mais admira a gente verificando a persistência da veneração e as várias modalidades que vai assumindo. Para mostrá-lo, vamos resumir o Capítulo XV de Maristella:

SEPULTURA — desde a morte de Frei Galvão até hoje, tem sido ininterruptamente centro da veneração popular. Bem cedo, todos queriam levar "as pedrinhas" do sepulcro. Assim, em 1906, a lápide primitiva foi substituída por outra de mármore, com os mesmos dizeres.

AS PÍLULAS — de ciência nossa, muito populares em São Paulo, no Rio de Janeiro, em Guaratinguetá, em Taubaté.

NOS LARES — até à época da industrialização, as famílias paulistas costumavam contar "os casos" referentes a Frei Galvão e mesmo a orar metodicamente em homenagem a ele.

OS "GALVÃO DE PROMESSA" — por promessa, os pais dão aos filhos o nome Galvão, mesmo que a família não seja Galvão. Costume que se nota também em Minas e outros Estados.

ESCRITOS — várias e preciosas referências escritas sobre a pessoa e a santidade do grande franciscano.

CENTENÁRIO — 23 de dezembro de 1922: a Ordem Terceira de São Francisco, tendo à frente o ilustre e piedoso

Irmão Manuel E. Altenfelder Silva, levou a Cidade a celebrar o centenário de modo piedoso e fecundo, mediante artigos nos jornais e cuidadosa liturgia, com apoio de Dom Duarte Leopoldo e Silva, Arcebispo local. Tão carinhosa homenagem ficou gravada com expressivos dizeres em latim.

BIOGRAFIA — o centenário suscitou santa curiosidade entre os fiéis para conhecer melhor o Homem de Deus. Madre Oliva Maria de Jesus, Abadessa da Luz, publicou a primeira biografia em 1928; esgotou-se logo, surgindo a segunda em 1936, generosamente ampliada.

PROCESSO — a publicação da biografia de Frei Galvão animou de tal forma a devoção ao Servo de Deus que Dom Duarte resolveu começar os trabalhos do processo. Encarregou disso o Pe. Frei Adalberto Ortmann, aos 5 de junho de 1938. Trabalhou muito o postulador, pesquisando sobretudo a árvore genealógica do Frei, sua veneração nas famílias paulistas e sua atuação na Venerável Ordem Terceira de São Francisco — São Paulo. Por causa de uma transferência, deixou o cargo em 1947.

MISSA AOS 23 DE CADA MÊS — tradição em São Paulo e Guaratinguetá. Em 1948 Dom Carlos Carmelo de Vasconcelos Motta quis, pessoalmente, observar o movimento no Mosteiro da Luz, exatamente a 23 de dezembro. Ficou admirado de ver a devoção popular, e passou também ele a se interessar pelo processo de beatificação.

TRIBUNAL ECLESIÁSTICO — por recomendação de Dom Carlos, foi formado aos 28 de abril de 1949. Aprovou o Bispo Dom Paulo Rolim Loureiro. Assim se encaminhou o processo de beatificação.

NOVA COMEMORAÇÃO PÚBLICA — foi por ocasião dos 150 anos da morte do Servo de Deus, aos 23 de dezembro de 1972, belamente celebrados pelo clero e pelos amigos e devotos de São Paulo e do Brasil. Foram acionados os modernos meios de comunicação, como jornais, rádios, televisão. A culminância foi a formosa concelebração das 17:30, presidida pelo Cardeal Dom Paulo Evaristo Arns, de São Paulo, membro da mesma Província da Imaculada que Frei Galvão honrou como frade menor. Uma placa de bronze ficou marcando mais esta comemoração. Na mesma ocasião foi publicada a importante obra de pesquisa sobre a família de Frei Galvão: *Os Galvão de França no Povoamento de Guaratinguetá*, obra do Sr. Carlos Eugênio Marcondes de Moura.

PROCESSO DE NOVO — em 1978 a Autoridade Eclesiástica designou o franciscano Frei Zacarias Machado para dar continuidade aos trabalhos. Ele morreu uns anos depois sem ver os frutos de seu trabalho, ao menos aqui na terra. No ano de 1987, o Cardeal Dom Paulo Evaristo reorganizou os trabalhos do processo e Frei Desidério Kalverkamp foi designado como Postulador. Trabalhou com grande empenho.

Reconhecimento dos restos mortais de
Frei Antonio de Sant'anna Galvão, ofm
(Comunicado do Mosteiro da Luz)

No dia 5 de fevereiro de 1991, às 9 horas, foi iniciada a cerimônia canônica e legal para a abertura da sepultura de Frei Galvão conforme as exigências da Igreja para o Processo de Beatificação.

Depois da abertura do ato, foram apresentadas as pessoas que iriam atuar e os muitos devotos que foram convidados como testemunhas.

A seguir, foi feita uma Celebração da Palavra, na qual se deu ênfase, ou melhor, se acentuou a Ressurreição.

Dom Paulo Evaristo Arns como Arcebispo de São Paulo apresentou um resumo biográfico de Frei Galvão, que atraiu a atenção de todos.

Seguiu-se a parte canônica com a leitura da Ata e o juramento do Sr. Arcebispo, dos Membros do Tribunal Eclesiástico, dos Médicos Legistas do I. M. L. de São Paulo e dos funcionários: todos responsáveis pela exumação.

O trabalho dos Médicos Legistas: Dr. Daniel Romero Muñoz e Dr. Carlos Delmont-Prints foi feito com tal cuidado, respeito e de modo científico que chamou a atenção dos presentes.

Tudo foi documentado (por escrito e filmado) em todos os seus pormenores: o caixão tinha 1,96m por 70 cm na parte mais larga. *A chave,* que o Mosteiro da Luz guardou cuidadosamente nestes 168 anos, entrou perfeitamente no orifício da fechadura, comprovando assim que realmente aquele era o mesmo caixão no qual Frei Galvão fora colocado no dia 23 de dezembro de 1822.

Pela descrição feita pelos Médicos Legistas a partir das medidas e pela visão dos ossos, que apesar de fragmentados e quase totalmente pulverizados, via-se perfeitamente o perfil físico de Frei Galvão — homem de estatura alta e de ombros largos. O crânio, embora bastante danificado, foi encontrado quase inteiro. Outros fragmentos de ossos foi possível retirar para serem guardados.

Foram encontrados ainda e retirados: uma fechadura, duas dobradiças, uma medalha, vários cravos semelhantes a parafusos e pedaços do caixão, bem como boa quantidade de material formado por fragmentos de ossos, vestes e madeira do caixão.

O restante da terra com ossos pulverizados, restos de vestes e madeira do caixão foram novamente colocados na sepultura, onde Frei Galvão continua sua missão de intercessor junto de Deus, esperando que a Igreja reconheça oficialmente suas virtudes e um dia o proclame Bem-aventurado.

O trabalho de identificação das relíquias durou das 10 horas da manhã às 10 horas da noite, com curtos intervalos para o almoço e o jantar.

Para Roma irá apenas o relatório de tudo; Frei Galvão permanece no Mosteiro da Luz, onde ele realmente foi sepultado.

A presença de Guaratinguetá na exumação (Comunicado do Museu Frei Galvão)

Foram exumados e reconhecidos no Mosteiro da Luz, em São Paulo, os restos mortais de Frei Galvão, no dia 5 de fevereiro deste ano de 1991. Guaratinguetá foi representada através de uma comitiva composta de pessoas ligadas a Frei Galvão, por parentesco e devoção: profª Marina Galvão Filippo, esposa do Prefeito Municipal Gilberto Filippo; profª Maria Alice Galvão Nogueira de Castro, Leonardo de Oliveira Galvão, Francisco Fortes, Carlos Marcondes e família, profª Maria Isabel Rangel Ribeiro, profa. Pedrina de França Rangel, Maria Angélica, Regina e João Carlos de Camargo Maia, Tom Maia e Thereza Regina de Camargo Maia — diretora do Museu Frei Galvão que, em nome da terra natal de Frei Galvão, participou da Celebração da Palavra, na abertura da cerimônia. Estiveram também presentes o historiador Carlos Eugênio Marcondes de Moura, autor de "Os Galvão de França no povoamento de Santo Antônio de Guaratinguetá", e comitivas de Sococaba, Jaú e Itu, cidades ligadas a importantes fatos da vida de Frei Galvão.

4. Coisas diversas que nos falam dele

De cuidadosa pesquisa conduzida pelas Irmãs do Mosteiro da Luz, tivemos este imponente resultado:

a) Localidades

1. GUARATINGUETÁ — nascimento em 1739.
2. CACHOEIRA, Bahia, Seminário de Belém, onde fez estudos secundários.
3. MACACU ou CASSAREBU, Rio de Janeiro, Convento de São Boaventura, onde tomou o hábito franciscano em 15 de abril de 1760.
4. RIO DE JANEIRO, onde recebeu a tonsura e recebeu as quatro ordens menores, aos 18 de março de 1762; a ordem do subdiaconato aos 19 de março de 1762; a ordem do diaconato aos 7 de julho de 1762; a ordem do presbiterato aos 11 de julho de 1762.
5. SÃO PAULO, onde teve morada desde 24 de julho de 1762 até o dia 23 de dezembro de 1822, dia de sua morte.
6. SOROCABA, onde deu início e dirigiu a comunidade religiosa do Recolhimento de Santa Clara, desde agosto de 1811 até julho de 1812.
7. ITU, onde esteve muitas vezes em viagens apostólicas;

aos 10 de maio como Visitador Delegado do Convento de São Luís de Tolosa.

8. TAUBATÉ, onde esteve em viagens apostólicas; aos 10 de outubro de 1804, como Visitador Delegado.

9. PIRACICABA, onde esteve em viagens apostólicas.

10. ITANHAÉM, em viagens apostólicas.

11. SÃO LUIZ DO PARAITINGA, em viagens apostólicas.

12. De SÃO PAULO até o RIO DE JANEIRO, em outubro de 1799, em viagem a pé, sempre "more apostolico", "pregando algumas vezes a instâncias dos párocos, onde se hospedava".

13. Em MUITOS OUTROS LUGARES, relata a tradição, esteve a pregar missões e pedir esmolas para a construção da Luz.

14. JAÚ, distrito de Potunduva, na margem do rio Tietê, onde esteve, conforme tradição, por bilocação, a socorrer um moribundo.

15. PARNAÍBA, onde esteve por bilocação, segundo a tradição.

16. Em OUTROS LUGARES, diz a tradição, esteve ainda por milagres de bilocação, como Taubaté, Rio Grande do Sul etc.

b) Edifícios e Monumentos

01. IGREJA MATRIZ DE GUARATINGUETÁ, onde teria sido batizado.

02. CAPELA DO SEMINÁRIO DE BELÉM, em Cachoeira, Bahia, onde estudou.

03. CONVENTO DE SÃO BOAVENTURA de Macacu, onde fez o noviciado.

04. CONVENTO DE SANTO ANTÔNIO, do Rio de Janeiro, onde morou em 1762.

05. CONVENTO DE SÃO LUÍS DE TOLOSA, de Itu, onde pregou e foi Visitador.

06. CONVENTO DE SANTA CLARA, de Taubaté, onde pregou e foi Visitador.

07. CONVENTO DE SÃO FRANCISCO, São Paulo, onde morou por 60 anos e foi Guardião em 1798 e 1801.

08. IGREJA DAS CHAGAS, da Venerável Ordem Terceira de São Francisco, São Paulo, onde foi Comissário em 1776 e 1779.

09. CONVENTO DE ITANHAÉM, onde pregou.

10. CONVENTO DA LUZ, em São Paulo, por ele fundado e dirigido.

11. SEPULTURA de Frei Galvão, na Igreja do Convento da Luz.

12. A CELA de Frei Galvão, no Mosteiro da Luz, onde morou nos últimos anos e faleceu aos 23 de dezembro de 1822.

13. A ÁREA DE FREI GALVÃO, no Convento da Luz.

14. O CAMBUCI DE FREI GALVÃO, no Convento da Luz.

15. O POÇO DE FREI GALVÃO, no Convento da Luz.

16. EDIFÍCIO FREI GALVÃO, junto à Ordem Terceira, no Largo de São Francisco, São Paulo.

17. MATERNIDADE FREI GALVÃO, na cidade de Guaratinguetá — São Paulo.

18. SEMINÁRIO FREI GALVÃO — em Guaratinguetá, para vocações adultas da Província Franciscana da Imaculada Conceição.

19. MUSEU FREI GALVÃO, praça Cons. Rodrigues Alves, 48, Guaratinguetá, que guarda algumas peças ligadas a Frei Galvão, é centro regional de pesquisa cultural e histórica e mantém a devoção das Missas mensais cada dia 24 em memória de Frei Galvão.

20. RUA FREI ANTÔNIO DE SANT'ANNA GALVÃO, em São Paulo, bairro de Ponte Pequena.

21. RUA FREI GALVÃO, em São Paulo, na Vila Siqueira do bairro de Freguesia do Ó.

172

22. RUA FREI GALVÃO, São Paulo, no bairro do Jardim Paulista.

23. RUA FREI GALVÃO, em Guaratinguetá.

24. CHÁCARA FREI SANT'ANNA GALVÃO, com sua estátua, em São Paulo, bairro do Jabaquara, perto do Jardim Anchieta.

25. SERRA DE FREI GALVÃO, no Sul do Estado de São Paulo.

26. PLACA COMEMORATIVA do centenário da morte de Frei Galvão, no átrio da igreja da Luz, São Paulo.

27. PLACA COMEMORATIVA do bicentenário do nascimento de Frei Galvão, na igreja de N. Sra. Das Graças, Guaratinguetá.

28. RUA FREI ANTÔNIO DE SANT'ANNA GALVÃO, na Estância Balneária de Peruíbe, Estado de São Paulo.

29. ESCOLA ESTADUAL FREI ANTÔNIO DE SANTANA GALVÃO — 1º e 2º graus, rua Plínio Pasqui, 217, Parada Inglesa, São Paulo.

30. GRUPO ESCOLAR DE FREI GALVÃO, Potunduva — Jaú, São Paulo.

31. RANCHO DE FREI GALVÃO, chácara nas imediações de São Paulo.

32. RESIDÊNCIA ARQUIEPISCOPAL FREI GALVÃO, rua Alfredo Maia, 195, 1.106, São Paulo, ao lado do Mosteiro da Luz, desde 1987.

33. BUSTO DE FREI GALVÃO, no Convento das Graças, Guaratinguetá. Do artista plástico amador Rogério Lacaz Filho, trabalhado em gesso, por iniciativa própria, com base numa estampa do Servo de Deus.

34. MEDALHÃO DE FREI GALVÃO, na Igreja do Convento das Graças, Guaratinguetá. Frei Galvão sentado junto à mesa de trabalho. Alto relevo em gesso, executado por Arthur Pederzolli, por encomenda de Frei Henrique G. Trindade, depois Dom Henrique.

173

35. ÓLEO DE FREI GALVÃO, obra de Frei Geraldo Roderfeld, ofm, no Hospital Frei Galvão.

36. SALA DAS RELÍQUIAS NA CASA DE FREI GALVÃO, próxima à Catedral, à esquina das ruas Frei Galvão e Frei Lucas. Local onde nasceu o Santo. Na Sala das Relíquias, além de telas sobre sua vida, estão preciosos fragmentos de seus ossos e batina, e as famosas Pílulas de Frei Galvão. Aberta para visitas.

5. A *Beatificação*

Em 1998, no processo de beatificação de Frei Galvão, o Vaticano, por unanimidade, reconheceu suas virtudes. E dentre as trinta mil graças estudadas aprovou, ainda por unanimidade, o milagre que salvou a vida da menina Daniella. Aconteceu em 1990. Na tenra idade de quatro anos, padecendo de hepatite aguda do tipo A, Daniella Cristina da Silva, desenganada, foi internada na U.T.I., em fase terminal da doença. Diante desse quadro, seus pais e uma tia, "cheios de fé", decidiram entregar a menor à proteção de Frei Galvão, ministrando-lhe suas pílulas e iniciando fervorosa novena ao venerável santo. Vencendo a hepatite aguda A, uma broncopneumonia, uma parada cardiorrespiratória, meningite, faringite e dois episódios de infecção hospitalar com paralisação dos rins e do fígado, Daniella, semanas mais tarde, "correndo e brincando", teve alta do hospital, já completamente curada. "Atribuo à intervenção divina não só a cura da doença mas a sua recuperação geral", afirmou seu médico assistente.

Reconhecendo esse milagre, e declarando Frei Galvão "o homem da paz e da caridade", S. S. o Papa João Paulo II elevou à honra dos altares o filho que Guaratinguetá entregou para a glória dos céus:

> Frei Antônio de Sant'Anna Galvão foi beatificado solemente no domingo, 25 de outubro de 1998, na Praça São

Pedro, pelo Papa João Paulo II. Os peregrinos brasileiros e os brasileiros que moram na Itália, certamente mais de duas mil pessoas, estavam em torno de 25.000 mil devotos. Na fachada da Basílica, pendurado numa colossal tela, o quadro de Frei Galvão estava à direita de quem olha da praça para a Basílica. Como não se tem foto dele, foi feita uma reprodução fotográfica do quadro que o representa sentado, de hábito. Uma biografia de Frei Galvão foi lida. Depois rezou-se pela primeira vez a oração que futuramente seria usada na Missa do novo Beato. Enquanto isso as autoridades também ocupavam seus lugares perto do altar papal: os cardeais, os postuladores e ajudantes diretos, os que fariam a procissão das Ofertas (entre eles estava a miraculada de Frei Galvão, a menina Daniella Cristina da Silva, acompanhada da irmãzinha e da mãe), os que comungariam das mãos do Papa, as delegações oficiais. A Irmã Célia Cadorin, nossa postuladora, também ocupava um lugar de destaque entre as autoridades. Todos os demais sacerdotes, exceto os que distribuiriam a Comunhão, estavam no meio do povo, onde ficaram também as 11 Irmãs Concepcionistas.

O Papa entrou solenemente na Praça de São Pedro, com o canto do coro que entoava em latim: "Cantai ao Senhor um cântico novo" (Sl 97). Antes do Canto do Glória, procedeu-se o rito da beatificação. Coube ao bispo de Verona fazer o pedido ao Papa. A seguir, foi lida uma brevíssima biografia do servo de Deus. O Papa então pronunciou a fórmula de beatificação. Marcou para Frei Galvão o dia 25 de outubro para se celebrar sua festa.

"O Senhor me assistiu e me deu forças, para que, por meu intermédio, a mensagem do Evangelho fosse plenamente proclamada" (2Tm 4,17). Essa mensagem de São Paulo a Timóteo reflete bem a vida do Frei Antônio de Sant'Anna Galvão, que quis corresponder à própria consagração religiosa, dedicando-se com amor e devotamento aos aflitos, aos doentes e aos escravos da sua época no Brasil. Damos graças a Deus pelos contínuos benefícios outorgados pelo poderoso influxo evangelizador a que o Espírito

Santo deu vida até hoje a tantas almas através do Frei Galvão. Sua fé genuinamente franciscana, evangelicamente vivida e apostolicamente gasta no serviço ao próximo servirá de estímulo para o imitar como "homem da paz e da caridade". A missão de fundar os Recolhimentos dedicados a Nossa Senhora e à Providência continuam produzindo frutos surpreendentes: ardoroso adorador da Eucaristia, mestre e defensor da caridade evangélica, prudente conselheiro da vida espiritual de tantas almas e defensor dos pobres.

Antes da bênção final, o Papa assentou-se para a pequena admoestação dominical do *Angelus* e concluiu: "Vamos pedir a Deus que, com o exemplo do Beato Frei Galvão, a fiel observância de sua consagração religiosa e sacerdotal sirva de estímulo para um novo florescimento de vocações sacerdotais e religiosas, tão urgente na Terra de Santa Cruz. E que esta fé, acompanhada das obras de caridade, que transformava o Beato Frei Galvão em *doçura de Deus,* aumente nos filhos de Deus aquela paz e justiça que só germinam numa sociedade fraterna e reconciliada" (Resumo de um extenso artigo de Frei Clarêncio Neotti, na revista *Vida Franciscana*, Frei Paulo Back, OFM).

6. A *Canonização*

No ano de 1999, um duplo milagre, que ocorreu na capital de São Paulo, levaria o Beato Frei Galvão dos altares do Brasil para os altares de todo o mundo. Os protagonistas desse milagre foram a paulistana Sandra Grossi de Almeida Gallafassi e seu filho Enzo. Por causa da natureza de seu útero de pequenas dimensões (bicorne), Sandra não era capaz de segurar uma criança em seu ventre e levar uma gravidez até o final. Contudo, depois de dois abortos, engravidou uma terceira vez e, apesar do prognóstico médico de uma gravidez de alto risco, ela estava decidida a manter a gestação. Por orientação de parentes, Sandra recorreu às "pílulas de Frei Galvão" e fez uma novena em louvor ao Beato. Com as pílulas e a novena, sem as dores e os problemas das vezes anteriores, a gestação evoluiu normalmente até a trigésima segunda semana, quando se deu o parto cesário. A mãe nada sofreu. O menino porém nasceu pesando 1,995 gr., medindo 0,42 cm e com problema respiratório da membrana hialina de 4º grau, o tipo mais grave. Suplicando mais uma vez a intervenção de Frei Galvão, para a felicidade dos familiares e surpresa dos médicos, o quadro clínico teve rápida melhora, e logo a criança deixou o hospital. Os Peritos Médicos da Congregação das Causas dos Santos aprovaram por unanimidade a cura como "cientificamente inexplicável no seu conjunto, segundo os atuais conhecimentos científicos".

Com a aprovação do milagre pela Santa Sé, em 11 de maio de 2007 realizou-se a canonização do Santo de Guaratinguetá – **Santo Antônio de Sant'Anna** –, em Missa campal celebrada pelo Papa Bento XVI, em São Paulo, uma exceção feita pelo Santo Padre, como homenagem ao Brasil, que é o maior país católico do mundo:

> "Bendirei continuamente ao Senhor. Seu louvor não deixará meus lábios" (Sl 33,2). ... Hoje, a Divina sabedoria permite que nos encontremos ao redor do seu altar em ato de louvor e de agradecimento por nos ter concedido a graça da Canonização do Frei Antônio de Sant'Anna Galvão. ... Nesta solene celebração eucarística foi proclamado o Evangelho no qual Cristo, em atitude de grande enlevo, proclama: "Eu te bendigo, Pai, Senhor do céu e da terra, porque escondeste estas coisas aos sábios e entendidos e as revelaste aos pequenos" (Mt 11,25). Por isso, sinto-me feliz porque a elevação do Frei Galvão aos altares ficará para sempre emoldurada na liturgia que hoje a Igreja nos oferece. Saúdo, com afeto, a toda a comunidade franciscana e, de modo especial, as monjas concepcionistas que, do Mosteiro da Luz, da Capital paulista, irradiam a espiritualidade e o carisma do primeiro brasileiro elevado à glória dos altares. ... Demos graças a Deus pelos contínuos benefícios alcançados pelo poderoso influxo evangelizador que o Espírito Santo imprimiu em tantas al-

mas através do Frei Galvão. O carisma franciscano, evangelicamente vivido, produziu frutos significativos através do seu testemunho de fervoroso adorador da Eucaristia, de prudente e sábio orientador das almas que o procuravam e de grande devoto da Imaculada Conceição de Maria, de quem ele se considerava "filho e perpétuo escravo".

... Significativo é o exemplo do Frei Galvão pela sua disponibilidade para servir o povo sempre quando era solicitado. Conselheiro de fama, pacificador das almas e das famílias, dispensador da caridade especialmente dos pobres e dos enfermos. Muito procurado para as confissões, pois era zeloso, sábio e prudente. Uma característica de quem ama de verdade é não querer que o Amado seja ofendido, por isso a conversão dos pecadores era a grande paixão do nosso Santo. ... A fama da sua imensa caridade não tinha limites. Pessoas de toda a geografia nacional iam ver Frei Galvão que a todos acolhia paternalmente. Eram pobres, doentes no corpo e no espírito que lhe imploravam ajuda.

... Queridos amigos e amigas, que belo exemplo a seguir deixou-nos Frei Galvão! (Trecho da Homilia de S.S. Bento XVI durante a Santa Missa e Canonização do Beato Frei Galvão).

7. Cronologia

Com ligeiras alterações, aproveitamo-nos outra vez do trabalho de Maristella:

1739 — Nascimento.

1752 — Ingressa no Seminário de Belém, na Bahia.

1756 — Morte de sua mãe.

1758 — Volta à casa paterna.

1760 — Ingressa na Ordem Franciscana.

1760 — 15 de abril — Recebe o hábito e inicia o Noviciado, em Macacu.

1761 — 16 de abril — Faz sua profissão na Ordem Franciscana e o juramento imaculista.

1762 — Julho — Ordena-se sacerdote no Rio de Janeiro.

1762 — Julho — Transferido para o Convento de São Francisco, São Paulo.

1766 — 9 de novembro — Assina a Cédula de Escravidão a Nossa Senhora.

1768 — 23 de julho — Designado para confessor de seculares, pregador e porteiro do Convento de São Francisco, São Paulo.

1770 — Confessor do Recolhimento de Santa Teresa.

1770 — 30 de junho — Morte de seu pai.

1770 — 23 de agosto — Membro da Academia dos Felizes.

1774 — 2 de fevereiro — Funda o Convento de Nossa Senhora da Luz.

1775 — 23 de fevereiro — Morte da Madre Helena Maria do Espírito Santo.

1775 — 29 de junho — Fechamento do Recolhimento da Luz.

1775 — Agosto — Reabertura do mesmo.

1776 — 9 de agosto — Nomeado Comissário da Ordem Terceira.

1777 — Visitador do Convento de São Luís de Tolosa, Itu.

1779 — Novamente nomeado Comissário da Ordem Terceira.

1780 — Outubro — Desterrado para o Rio de Janeiro por Martim Lopes.

1781 — 6 de outubro — Eleito Presidente e Mestre de Noviços de Macacu.

1788 — 25 de março — Mudanças das recolhidas para o novo prédio; dá-lhes o Estatuto por ele composto.

1796 — Recebe o privilégio de uma Presidência e Guardiania.

1798 — 24 de março — Eleito Guardião do Convento de São Francisco, São Paulo.

1798 — 17 de abril — Cartas do Bispo e da Câmara de São Paulo ao Provincial sugerindo que Frei Galvão renuncie à guardiania.

1801 — 28 de março — Reeleito Guardião do Convento de São Francisco.

1802 — 9 de abril — Recebe o privilégio de Definidor.

1802 — 15 de agosto — Benze a igreja do Mosteiro da Luz.

1804 — 10 de outubro — Visitador do Convento de Santa Clara, Taubaté.

1804 — 29 de outubro — Visitador do Convento de Itu.

1807 — Constituído Visitador Geral e Presidente do Capítulo, cargos a que renunciou.

1808 — Delegado para Visitador dos Conventos do Sul; renunciou.

1811 — 25 de agosto — Funda o Recolhimento de Santa Clara em Sorocaba.

1812 — Junho — Volta a São Paulo.

1822 — 23 de dezembro — Falece no Convento da Luz.

**

1922 — Solene Comemoração do Centenário de Sua Morte em São Paulo.

1928 — Primeira edição da biografia escrita por Madre Oliva Maria de Jesus.

1936 — Segunda edição da biografia, ampliada.

1938 — 5 de junho — Padre Frei Adalberto Ortmann nomeado postulador por Dom Duarte Leopoldo e Silva.

1949 — 23 de abril — Por sugestão do Cardeal Dom Carlos Carmelo de Vasconcelos Motta, Dom Paulo Rolim Loureiro aprova a constituição do Tribunal Eclesiástico para o processo de beatificação. Postulador Padre Frei Dagoberto Romag.

1954 — Maristella publica seu livro Frei Galvão, Bandeirante de Cristo.

1972 — 23 de dezembro — Solene Comemoração do Sesquicentenário da morte.

1978 — A Autoridade Eclesiástica de São Paulo encarrega Frei Zacarias Machado de continuar os trabalhos de canonização.

1978 — Segunda edição ampliada da obra de Maristella.

1987 — O Cardeal Dom Paulo Evaristo Arns, ofm, reabre

solenemente o processo de beatificação. Postulador, Padre Frei Desidério Kalverkamp.

1987 — O Cardeal de São Paulo passa a residir ao lado do Mosteiro da Luz, dando à sua morada o nome de Residência Arquiepiscopal Frei Galvão.

1990 — O processo de beatificação é reassumido pela Irmã Célia B. Cadorin, das Irmãzinhas da Imaculada, sendo postulador Pe. Antonius Ricciardi, ofmconv, em Roma, e Vice-postulador Pe. Arnaldo Vicente Belli, no Brasil.

1990 — 12/12 — O processo é introduzido na Congregação para a Causa dos Santos, em Roma, e recebe o *Nihil Obstat.*

1991 — 05/02 — Solene exumação dos restos mortais do Servo de Deus, na Igreja do Mosteiro de Nossa Senhora da Luz, em São Paulo, presentes o Sr. Cardeal Arns, ofm, Pe. Arnaldo Vicente Belli, o Cônego Antônio Munari Santos e, pela Província da Imaculada - SP, Frei Paulo Avelino de Assis Schmitz, ofm, bem como os senhores médicos do I.M.L.

1996 — Em Roma, aprovação, com louvores, da venerabilidade de Frei Galvão, que assim se tornou *Venerável.*

1997 — 08/04 — Em Roma, na sala do Consistório, perante membros da Congregação da Causa dos Santos, postuladores e membros da Cúria Romana, o Santo Padre promulga o decreto da heroicidade de virtudes do Servo de Deus Frei Galvão. Com este ato solene, falta somente a cerimônia litúrgica para Frei Galvão tornar-se Beato.

1997 — Em Roma, já em curso o processo sobre um dos milagres atribuídos a Frei Galvão.

1998 — 25/10 — Em Roma, acontece a cerimônia de Beatificação, presidida pelo Papa João Paulo II.

2007 — 11/05 — No Brasil, em São Paulo, capital, acontece a cerimônia de Canonização, presidida pelo Papa Bento XVI.

Para divulgação popular do testemunho de Frei Galvão

Um Brasileiro na Glória dos Altares — Frei Carmelo Surian, ofm, Editora Vozes, Petrópolis-RJ — livreto com minibiografia.

Para aprofundamento e pesquisa

Frei Antônio de Sant'Anna Galvão — Biografia Científica Documentada, tradução da biografia oficial que acompanha o processo de Frei Galvão, da Irmã Célia Cadorin, das Irmãzinhas da Imaculada. Pedidos ao Mosteiro da Luz, Avenida Tiradentes, 676 — 01102-000 — São Paulo-SP — Telefone: (011) 3311-8745.

IX
LOUVORES A FREI GALVÃO

A — Nascimento e Formação
Fruto bendito de um lar abençoado.
Honra da geração dos bandeirantes.
Filho do formoso Vale Paraibano.
Alegria de pais franciscanos.
Protegido do grande Santo Antônio.
De família consagrada a Sant'Anna.
De pais modelos de caridade.
Amigo dos pobres desde criança.
Flor da formação jesuítica.
Jovem fiel ao ideal cristão.
Abrasado do desejo do infinito.

B — Franciscano Sacerdote
Amante da Regra Seráfica.
Esplendor da Ordem Primeira.
Pai e Servo para a Ordem Segunda.
Orientador seguro da Ordem Terceira.
Herdeiro zeloso do Carisma total de São Francisco[34].
Alegre filho do Serafim de Assis.
Pobre por amor a Cristo pobre.
Obediente por amor a Cristo obediente.

---

[34] Carisma total: Frei Galvão de fato foi filho emérito da Primeira Ordem de São Francisco; dedicou-se generosamente às Concepcionistas, que na sua vida representavam a vocação contemplativa e penitencial da Ordem Segunda de São Francisco, as Clarissas; foi querido e eficiente Comissário da Ordem Terceira Franciscana, formada para leigos casados e solteiros, pelo mesmo São Francisco.

Casto por amor a Cristo casto.
Cultor da vida em fraternidade.
Simples como Francisco.
Astuto conforme o Evangelho.
Fidelíssimo à graça divina.
Santo querido pelos confrades.
Superior sempre a serviço.
Respeitador dos pecadores.
Generoso e pronto no perdão.
Atento à união na caridade.
Piedoso com os Irmãos falecidos.
Instrumento franciscano da paz.
Cofundador do Mosteiro da Luz.
Corajoso nas causas "impossíveis".
Jardineiro exímio de um canteiro de santas.
Mestre da vida em clausura.
Íntimo do silêncio.
Místico e fecundo na ação.
Esmoler das Esposas de Cristo.
Testemunho do trabalho franciscano.
Penitente aliado da prudência.
Edificado sobre a rocha da humildade.
Porteiro fiel e acolhedor.
Renovador do Evangelho franciscano.
Morto para o mundo mas renascido em Cristo.
Consagrado pelo sangue à Senhora Imaculada.
Ternamente agradecido a Jesus
Crucificado.
Franciscano de nome e coração.
Vigoroso às exigências da fé.
Caminheiro imperturbável da esperança cristã.
Todo amor para Deus e os Irmãos.
Liturgo por excelência.

Rei, profeta e sacerdote segundo Cristo.
Zelosíssimo sacerdote do Altíssimo.
Ministro da vida batismal.
Educador da vida Eucarística.
Reconciliador da vida cristã.
Testemunha da graça crismal.
Fonte de bênçãos para a vida
matrimonial.
Unção para a vida celestial.
Sábio ministro da Palavra de Deus.
Seguro orientador das consciências.
Pregador ambulante do Reino.
Apoio fraterno dos sacerdotes.
Desejado socorro dos párocos.
Fidelíssimo à Hierarquia da Igreja.
Convertedor dos corações.
Leitor penetrante do recôndito das almas.
Tranquilo e confiante na Providência.

C — Exemplo de Cidadão

Glória de Guaratinguetá.
Astro que ilumina São Paulo.
Arquiteto da Casa de Deus.
Exemplo de dedicação ao trabalho.
Administrador eficiente.
Acadêmico poeta e latinista.
Firme contra os abusos do poder.
Cidadão obediente e sereno.
Venerado pela Câmara de São Paulo.

D — Santo e Taumaturgo

Homem religiosíssimo.
Bandeirante do Evangelho.

Mísero perante seu Deus.
Livre perante si mesmo.
Santo perante seu povo.
Sempre atento à vontade de Deus.
Admirável no domínio de si.
Forte na defesa dos fracos.
Prisioneiro da sua caridade.
Reflexo da infinita Bondade de Deus.
Enriquecido pelo dom dos milagres.
Dotado do carisma das profecias,
Amparo constante dos pobres.
Socorro fraterno dos doentes.
Encanto das crianças.
Amigo dos escravos.
Sublime na austeridade.
Bem-aventurado nas perseguições.
Puro de coração.
Sereno e leal nas tentações.
Paciente nas enfermidades.
Dignificador da velhice.
Familiar na Comunhão dos Santos.
Tesouro vivo de todas as virtudes.
O Santo do Povo de Deus.
Pacífico no encontro com a Irmã Morte.
Comoção de todo um povo na
orfandade.
Sepulcro glorioso, no Senhor.
Memória sempre viva no coração de sua gente.

Oração

Altíssimo Senhor do céu e da terra, que na vossa admirável Providência, quisestes fossem franciscanos os primeiros mensageiros da fé no Brasil, permiti, nós vos suplicamos, seja o franciscano Frei Antônio de Sant'Anna Galvão, vosso sacerdote e fiel servidor, o primeiro brasileiro a merecer a glória dos altares, atraindo, assim, muitos ao vosso Evangelho, de tal forma que nosso País venha a ser realmente a Terra de Santa Cruz. Amém!

(Com aprovação do Arcebispo de Aparecida Dom Geraldo Maria de Morais Penido.)

Para qualquer comunicação sobre Frei Galvão:

MOSTEIRO DA LUZ
Av. Tiradentes, 676
01102-000 – São Paulo-SP
Tel. (11) 3311-8745

MOSTEIRO DA IMACULADA CONCEIÇÃO
Rod. Pres. Dutra, km 234
Caixa Postal 173
12500-000 – Guaratinguetá-SP
Tel. (12) 3133-2537 / 3133-9494

MOSTEIRO DA IMACULADA
CONCEIÇÃO E SANTA BEATRIZ
Av. Bandeirantes, 4.900
Caixa Postal 123
12010-280 – Taubaté-SP
Tel. (12) 3681-2461

ÍNDICE

Apresentação 7
Introdução 11
I. A época de Frei Galvão: 1739-1822 15
   1. Um projeto 15
   2. O Capitão-General 18
   3. Católico corajoso 20
   4. A resposta de Dom Luís............................. 21
   5. Dura prova 23

II. Antônio Galvão... 25
   1. Origens 25
   2. Matrimônio-vocação 26
   3. Amor aos pobres....................................... 28
   4. Comunhão dos santos 29

III. A caminhada vocacional 30
   1. Chamada de Deus — resposta do homem 30
   2. Formação jesuítica 31
   3. Retorno a casa 32
   4. Frei Antônio de Sant'Anna 33
   5. O Noviço 35
   6. A Regra Franciscana 37
   7. A Profissão... 38
   8. O Sacerdócio 39
   9. Sacerdote Franciscano............................... 41

IV. Uma obra que faz história 45
   1. Porteiro, pregador e confessor 45
   2. A trama da Imaculada 48
   3. As origens do Mosteiro da Luz 49
   4. A vidinha das irmãs 50
   5. A dupla orfandade 52
   6. Feliz reencontro 55
   7. Pedras e muros do mosteiro 58
   8. Pedras vivas do mosteiro 60

V. A regra franciscana e as bem-aventuranças 64
   1. Regra e vida 64
   2. Bem-aventurados os pobres de espírito... 67
   3. Bem-aventurados os mansos... 73
   4. Bem-aventurados os que choram... 77
   5. Bem-aventurados os que têm fome e sede de justiça... ... 81
   6. Bem-aventurados os misericordiosos 85
   7. Bem-aventurados os puros de coração 87
   8. Bem-aventurados os pacíficos... 93
   9. Bem-aventurados os que sofrem perseguição
      por causa da justiça... 97

VI. Retoques, aprofundamentos, consumação 100
   1. O franciscano em plenitude 100
   2. Espiritualidade litúrgica 104
   3. As bilocações 107
   4. Casos selecionados 111
   5. Seu canto de cisne 117
   6. O prisioneiro da cidade de São Paulo 122
   7. De novo a trama da Imaculada 129
   8. A consumação 134
   9. A sepultura dos santos, manancial
      de ressurreição e de bênçãos 136

VII. Caminhando para a glória 139
1. Introdução 139
2. A Prudência 140
3. A Justiça 141
4. A Fortaleza 143
5. A Temperança 145

VIII. Apêndice 150
1. Textos escolhidos 150
2. As Concepcionistas 156
3. Formas de veneração 165
4. Coisas diversas que nos falam dele 170
5. A *Beatificação* 174
6. A *Canonização* 176
5. Cronologia 178

IX. Louvores a Frei Galvão 183
Oração – endereços úteis 187

Este livro foi composto com as famílias tipográficas Garamond e impresso
em papel Offset 70g/m² pela **Gráfica Santuário.**